GRIETJE VISSER

NIEDERLANDE

– KOCHBUCH –

Alle Ratschläge in diesem Buch wurden vom Autor und vom Verlag sorgfältig erwogen und geprüft. Eine Garantie kann dennoch nicht übernommen werden. Eine Haftung des Autors beziehungsweise des Verlags für jegliche Personen-, Sach- und Vermögensschäden ist daher ausgeschlossen.

Email: info@edition-lunerion.de
www.edition-lunerion.de

Psiana eCom UG
Berumer Str. 44
26844 Jemgum

Vorwort

Poffertjes, Waffeln und Matjeshering – viele Menschen kennen niederländische Köstlichkeiten als Highlight auf Volksfest oder Weihnachtsmarkt. Doch auch abseits der berühmten Klassiker hat die nationale Küche jede Menge Schlemmereien im Angebot und mit diesem Kochbuch zaubern Sie sich Amsterdam-Geschmack ganz einfach zuhause auf den Teller.

Fischreichtum an der Küste, deftige Kartoffel- und Fleischgerichte, verlockende Naschereien, Fastfood der besonderen Art, indonesische Einflüsse aus der Kolonialzeit und natürlich der weltberühmte Käse: Das sind die Hauptzutaten der niederländischen Küche und zusammen mit alten Traditionen und innovativen Ideen entsteht daraus eine genussvolle Mischung, die ihresgleichen sucht. Ob zum Frühstück, als kleine Kaffeepause, zum Mittagessen oder als Abendgericht, Niederländer genießen oft und gerne die verschiedensten Köstlichkeiten und mit den Rezepten in diesem Buch können Sie ganz einfach jeden Tag aufs Neue landestypische Leckereien entdecken. Fleischfans kommen bei herzhaften Sattmachern ebenso auf ihre Kosten wie Freunde von feinem Fisch und auch Veggies entdecken Suppen, Salate und Eintöpfe für den fleischfreien Genuss.

Guten Appetit!

INHALT

Wissenswertes

Das Königreich der Niederlande besteht aus vier autonomen Staaten. Dazu gehören neben den Niederlanden in Europa auch einige karibische Inseln.

Jedes dieser vier Staaten verfügt über eine eigene Regierung. Sie bestehen aus den Niederlanden mit den 12 Provinzen und den drei in der Karibik befindlichen Inseln Sint Eustatius, Bonaire und Saba sowie Aruba (Karibik), Curaçao (Karibik) und Sint Maarten (Karibik).

Die drei Inseln in der Karibik gehören zwar den europäischen Niederlanden an, werden aber als besondere Gemeinden bezeichnet, die keiner Provinz angehören. Sie werden auch „Karibische Niederlande" genannt.

Als „Niederländische Karibik" hingegen werden alle Inseln und Länder bezeichnet, die sich in der Karibik befinden.

Vor einiger Zeit gehörten noch Indonesien, Suriname in Südamerika und die Niederländischen Antillen zum Königreich der Niederlande. Diese Länder sind aber mittlerweile unabhängig und vom Königreich gelöst.

Schon seit dem 17. Jahrhundert verfügen die Niederlande über Kolonien im Ausland. Nach dem Zweiten Weltkrieg wurden viele auf Druck der Vereinten Nationen aber in die Unabhängigkeit entlassen.

Die Niederlande in Europa grenzt an die Nordsee im Westen. Die Amtssprache ist Niederländisch mit verschiedenen Dialekten. In den Karibikstaaten wird oft Englisch oder Papiamentu, eine kreolische Sprache, gesprochen. Die offizielle Währung ist der Euro, in den Karibikländern der US-Dollar.

Die Hauptstadt ist Amsterdam, während sich der Regierungssitz in Den Haag befindet. Als Staatsoberhaupt fungiert zurzeit König Willem-Alexander, der im Jahr 2013 seine Mutter Königin Beatrix ablöste. Seit 1890 ist König Willem-Alexander der erste männliche Monarch in den Niederlanden.

Die Niederlande sind in 12 Provinzen unterteilt. Diese wiederum gliedern sich in vier Gruppen. Im Norden befinden sich die Provinzen Drenthe, Groningen und Friesland. Im Süden sind die Provinzen Zeeland, Nord-Brabant und Limburg zu finden. Dem westlichen Teil des Landes gehören die Provinzen Utrecht, Nord-Holland und Süd-Holland an und im Osten liegen die Provinzen Flevoland, Gelderland und Overijssel.

Die Provinz Flevoland wurde zum größten Teil dem Meer entnommen. Durch weitere Landgewinnungen entstanden viele Süßwasserseen, unter anderem das Ijsselmeer.

Das Besondere an den Niederlanden ist der Umstand, dass viele Gebiete unterhalb des Meeresspiegels liegen. Rund die Hälfte der Gesamtfläche befindet sich nur einen Meter über dem Meeresspiegel. Damit es nicht zu Überflutungen kommt, wird das Land durch Deiche geschützt, welche eine Gesamtlänge von etwa 3.000 Kilometern aufweisen.

Die höchste Erhebung der Niederlande befindet sich deshalb nicht im europäischen Teil des Landes, sondern auf der Karibikinsel Saba. Der dort befindliche Mount Scenery ist 877 Meter hoch. Der höchste Punkt in der europäischen Niederlande ist der Vaalserberg in der Provinz Limburg, mit 322,5 Metern.

Als Gründungsjahr gilt das Jahr 1581, offiziell anerkannt sind die Niederlanden seit dem Jahr 1648. Zuvor waren sie Teil des Heiligen Römischen Reiches, dem Ostfrankenreich und dem Mittelfrankenreich. Das Land wurde mit der Zeit zu einer großen Kolonial- und Handelsmacht. Auch als Seegroßmacht machte es sich einen Namen.

Die Bezeichnung des Landes in der eigenen Sprache lautet „Nederland“. In Deutschland wird allerdings „Niederlande“ gesagt. Ebenso wird es häufig „Holland“ genannt, dies ist aber nicht korrekt.

Die Pluralversion entstand aus der Tatsache, dass das Land gegen Ende des Mittelalters ein Teil des Hauses Burgund war. Die Ländereien dieses Hauses trennten sich in die „Oberen Lande“ und die „Niederen Lande“. Später gingen die Besitztümer des Hauses Burgund an das Haus Habsburg, welches sich wiederum in „Nieder“-österreich, „Inner“-österreich, „Ober“-österreich, „Vorder“-österreich und die „Küstenlande“ gliederte. Daraus ergaben sich dann Bezeichnungen wie die „burgundische Niederlande“ oder die „habsburgische Niederlande“, woraus dann schließlich die Niederlande wurde.

Im 17. Jahrhundert waren die Niederlande die wohl größte Wirtschafts- und Handelsmacht der Welt. Diese Zeit ist heute noch als das „Goldene Zeitalter“ bekannt. Es wurden Handelsposten in fernen Ländern errichtet, woraus sich die späteren Kolonien entwickelten.

Diese ersten Handelsposten kamen aber nicht durch den Staat selbst zustande, sondern wurden von den ersten Aktiengesellschaften der Welt gegründet. Dies waren die „Niederländischen Ostindien-Kompanie“ und die „Niederländischen Westindien-Kompanie“. Selbst New York wurde einst von den Niederländern unter dem Namen „Nieuw Amsterdam“, Neu Amsterdam, gegründet.

Geprägt ist das Goldene Zeitalter aber auch vom düsteren Kapitel des Sklavenhandels. Die Niederlande waren, wie viele andere Länder auch, erheblich daran beteiligt. Am 1. Juli 2023 hat sich König Willem-Alexander offiziell dafür entschuldigt.

Heute sind die Niederlande ein Anziehungspunkt für Touristen. Es sind viele schöne Strände an der Nordseeküste vorhanden und auch die Inseln laden ein, den Urlaub hier zu verbringen. Badegäste und Segelbegeisterte kommen hier auf ihre Kosten.

Zudem ist eine üppige Tierwelt zu beobachten. Die Naturschutzgebiete sorgen für einen optimalen Lebensraum. Zudem ist die Jagd auf Wildtiere verboten, deshalb kann sich die Fauna gut entwickeln. Mit etwas Glück begegnen Sie hier Schottischen Hochlandrindern oder sogar wildlebenden Konikpferden. An den Küsten können Sie Kormorane und Austernfischer finden, die sich neben einer Vielzahl von Seehunden niederlassen.

Leider gibt es aber auch vom Aussterben bedrohte Tierarten in den Niederlanden. Dazu gehören zum Beispiel der Europäische Stör, der Europäische

Aal, der Glattrochen, der Hundshai, der Europäische Nerz oder der Feldhamster.

Die Flora ist von wenigen Wäldern, die meist künstlich angelegt wurden, geprägt. In der Regel wachsen hier Eichen, Buchen und verschiedene Nadelbäume. Weiterhin gibt es in den Niederlanden Hochmoore und Niedermoore. Die Dünen sind von Silbergras, Strandhafer und Stranddisteln durchzogen. Diese sind dafür verantwortlich, dass die Dünen nicht durch den Wind abgetragen werden.

Natürlich ist in diesem Land auch das Wattenmeer vorhanden. Durch die Gezeiten zieht sich die Nordsee zu bestimmten Zeiten zurück. Dann kann das Watt zu Fuß erkundet werden. Wenn Sie sich hier nicht auskennen, sollten Sie aber niemals allein in das Watt gehen. Die Gefahr, dass Sie sich verirren, ist groß. Beginnt die Flut, ist das Meer schneller da, als Sie sich vorstellen können.

Zur Hauptattraktion zählen immer noch die Windmühlen und die Tulpenblüte. Es gibt tatsächlich mehr als 1.000 historische Windmühlen im Land. Amsterdam gehört zu den beliebtesten Städten, denn sie ist mit vielen Kanälen durchzogen. Daneben ist Rotterdam eine Reise wert, denn hier gibt es nicht nur den großen Hafen für Containerschiffe zu bestaunen, sondern es laden viele Galerien und Museen zu einem Besuch ein.

In Den Haag befindet sich neben dem niederländischen Regierungssitz und der Königsresidenz auch der Internationale Gerichtshof. Weiterhin ist Alkmaar eine durch den Käsemarkt bekannte Stadt. Dieser Markt findet seit 1622 statt und ist über die Landesgrenzen hinaus bekannt.

Zudem laden viele Nationalparks, derer sind es 20 an der Zahl, zu einem Aufenthalt ein und es stehen reichlich Wandermöglichkeiten zur Verfügung. Es gibt eigene Tierrassen wie das Texelschaf oder verschiedene Hunderassen. Ebenso gibt es eine Reihe von Pferden, die aus den Niederlanden stammen. So zum Beispiel der berühmte Hengst „Totilas“, der ein sehr erfolgreiches Dressurpferd war. Er gehörte der Rasse des Niederländischen Warmblutes an. Auch die stolzen Friesenpferde stammten einst von hier. Daneben gibt es noch die Zuchtrichtungen Gelderländer, Tuigpaard, Springpaard und Dressurpaard. Sie alle sind zusammengefasst in der Bezeichnung „KWPN“, das Niederländische Warmblut.

Amsterdam und viele Städte nahe den Grenzen zu den Nachbarländern sind Anziehungspunkt für Drogentouristen. Die Niederlande sind bekannt für ihre lockere Einstellung zu Drogen, weshalb es viele sogenannte „Coffeeshops" gibt. Der Hintergrund ist aber darin zu finden, einen Schwarzmarkt für Drogen zu verhindern. Deshalb sind kleine Mengen Cannabis für den privaten Gebrauch erlaubt.

Diese Coffeeshops haben die offizielle Erlaubnis, bis zu 5 Gramm der Droge an private Personen zu verkaufen. Sogar Haschisch und Marihuana sind hier erhältlich. Alle anderen Drogen, auch Alkohol und Tabak, dürfen hier aber nicht konsumiert werden. Ebenso dürfen die Betreiber eines solchen Coffeeshops die Drogen nicht selbst herstellen oder selbst kaufen, um sie an die Konsumenten weiterzuverkaufen.

Der Niederländer findet übrigens alles „lekker". Das bezieht sich nicht nur auf das Essen, sondern auf alles Angenehme. So können auch das Wochenende, Möbelstücke oder Aktivitäten „lekker" sein.

Wussten Sie, dass die Möhren, wie wir sie heute kennen, ihren Ursprung in den Niederlanden haben? Der Vorgänger variierte von hellgelb bis dunkellila. Die Niederländer züchteten eine Variante, die einheitlich orange ist.

Ein ganz ungewöhnlicher Brauch findet zu Geburtstagen statt. Es wird nämlich nicht nur demjenigen gratuliert, der tatsächlich Geburtstag hat, sondern der ganzen Familie. Achten Sie darauf, wenn Sie in diesem Land zu einem solchen Fest eingeladen werden.

Die Hauptstadt Amsterdam wird auch als Venedig des Nordens bezeichnet. Das hängt nicht nur mit den vielen Grachten zusammen, die sich hier befinden, sondern auch dem Umstand, dass die Stadt auf Holzpfählen erbaut wurde. Diese wurden bis zu 11 Meter tief eingegraben, damit die Häuser nicht im weichen Boden versinken.

NIEDERLANDE VS HOLLAND

Offiziell heißt das Land Königreich der Niederlande. Oft wird aber einfach nur Holland gesagt. Das hängt damit zusammen, dass zwei der zwölf Provinzen als Holland betitelt werden: Noord-Holland und Zuid-Holland.

In diesen beiden Provinzen befinden sich die größten und bedeutendsten Städte der Niederlanden. Zudem lebt hier gut ein Drittel der gesamten Bevölkerung. Deshalb wird Holland oft mit den Niederlanden gleichgesetzt.

Sogar viele Niederländer selbst nutzen den Begriff Holland. So wird etwa bei Sportveranstaltungen das eigene Land mit „Holland-Holland“-Rufen angefeuert.

Seit 2020 versucht die niederländische Regierung, den Ausdruck „Holland“ in der Öffentlichkeit zu streichen. Es soll auf offiziellen internationalen Veranstaltungen das Land als die Niederlande und nicht als Holland bezeichnet werden.

EINKAUFSLISTE

Farinzucker dies ist ein feiner Zucker, dessen Farbe von gelblich bis bräunlich variieren kann. Die Zuckerkristalle sind mit einer Schicht Sirup überzogen. Erhältlich in gut sortierten Supermärkten.

Kokosblütenzucker erhältlich im Internet

Stroopwafel erhältlich im Internet

Saltet-Caramel-Gewürz erhältlich im Internet

Frühstück

ONTBIJTKOEK | FRÜHSTÜCKSKUCHEN

6 Port. 120 Min. Leicht

Zutaten

375 g Mehl
200 ml Milch
150 g Honig, flüssig
100 g Farinzucker, braun
3 TL Backpulver
½ TL Gewürznelke, gemahlen
½ TL Ingwer, gemahlen
½ TL Kardamom, gemahlen
½ TL Koriander, gemahlen
½ TL Zimt, gemahlen
1 Prise Salz

Nährwerte p. P.

387 kcal
83 g Kohlenhydrate
2 g Fett
8 g Eiweiß

1 Heizen Sie den Backofen auf 150 °C mit Umluftfunktion vor und fetten Sie eine Kastenform ein.

2 Geben Sie das Mehl, den Zucker, das Backpulver und die Gewürze in eine Schüssel und vermischen Sie alle Zutaten miteinander.

3 Füllen Sie nach und nach unter Rühren die Milch und den Honig hinzu und verarbeiten Sie alles zu einem geschmeidigen Teig.

4 Geben Sie den Teig in die Kastenform und streichen Sie ihn glatt. Backen Sie das Frühstücksbrot für etwa 90 Minuten im Backofen und stellen Sie es anschließend zum Abkühlen auf ein Kuchengitter.

SCHEVENINGER EIER

4 Port.

60 Min.

Leicht

Zutaten

150 g Gouda, in Scheiben
50 g Gouda, gerieben
100 g Schinkenspeck, geräuchert
150 ml saure Sahne
6 Eier
2 TL Senf
1 EL Olivenöl
Cayennepfeffer nach Belieben
Muskatnuss nach Belieben
Salz nach Belieben

Nährwerte p. P.

355 kcal
3 g Kohlenhydrate
27 g Fett
26 g Eiweiß

1 Heizen Sie den Backofen auf 200 °C mit Umluftfunktion vor. Belegen Sie ein Blech mit Backpapier und verteilen Sie die Speckscheiben darauf. Backen Sie sie für etwa 10 Minuten, bis sie knusprig geworden sind.

2 In der Zwischenzeit füllen Sie die saure Sahne in eine Schüssel und vermischen sie mit dem Senf, dem Cayennepfeffer und dem Salz sowie nach Belieben mit Muskatnuss.

3 Fetten Sie eine Auflaufform mit dem Olivenöl ein. Verteilen Sie darin den knusprigen Speck und belegen Sie ihn mit den Käsescheiben. Schlagen Sie die Eier auf den Käse und geben Sie vorsichtig die Sahnemischung dazu. Streuen Sie den geriebenen Käse auf die Oberfläche.

4 Schalten Sie den Backofen auf Ober- und Unterhitze um und stellen Sie die Auflaufform auf die mittlere Schiene. Backen Sie die Speise für etwa 20 Minuten, bis sich eine goldbraune Schicht bildet.

Salate

MATJESSALAT

4 Port. 120 Min. Leicht

Zutaten

6 Matjesfilets
500 g Kartoffeln, festkochend
400 g Rote Bete
1 Apfel
2 Gewürzgurken
2 Eier
1 Zwiebel
5 EL Sonnenblumenöl
4 EL Apfelessig
2 EL Zitronensaft
2 EL Wasser
2 EL Petersilie
1 TL Senf
Pfeffer nach Belieben
Salz nach Belieben

Nährwerte p. P.

710 kcal
35 g Kohlenhydrate
49 g Fett
31 g Eiweiß

1 Kochen Sie die Kartoffeln und die Rote Bete in separaten Töpfen, bis das Gemüse gar ist. Anschließend gießen Sie sie ab und stellen sie zum Abkühlen beiseite. Entfernen Sie die Schalen der Kartoffeln und der Roten Bete und schneiden Sie beides in Würfel.

2 Pellen Sie die Zwiebel und schneiden Sie sie in kleine Würfel. Schälen Sie den Apfel, entfernen Sie die Kerne und schneiden Sie ihn in kleine Würfel. Damit sich das Fruchtfleisch nicht bräunlich verfärbt, träufeln Sie den Zitronensaft darüber. Schneiden Sie die Gurke in kleine Würfel. Spülen Sie die Petersilie ab und hacken Sie sie in feine Stücke. Schneiden Sie die Matjes in breite Streifen

3 Geben Sie die Kartoffeln, die Rote Bete, die Gurke, die Zwiebeln und den Apfel in eine Schüssel und vermengen Sie alles miteinander. Anschließend mischen Sie die Matjesstreifen dazu.

4 Füllen Sie den Essig in eine Rührschüssel und vermischen Sie ihn mit dem Senf, dem Pfeffer und dem Salz. Rühren Sie das Öl und das Wasser dazu und vermischen Sie dann die Petersilie darin. Mischen Sie das Dressing unter den Salat und stellen Sie ihn für 1 Stunde in den Kühlschrank.

5 Während der Kühlzeit kochen Sie die Eier, bis sie hart sind. Pellen Sie die Schale ab und schneiden Sie sie in Viertel. Schmecken Sie den Salat noch mal nach Belieben ab und verteilen Sie ihn auf kleine Salatschüsseln. Garnieren Sie ihn mit jeweils 2 Eivierteln.

MAASDAMMER KÄSESALAT |

SALAT AUS DER PROVINZ SÜDHOLLAND

4 Port.

40 Min.

Leicht

Zutaten

250 g Maasdammer Käse
250 g Champignons
250 g Feldsalat
8 EL Joghurt
4 EL Öl
3 EL Essig
1 TL Senf
1 Zitrone, den Saft davon
1 Ei, hart gekocht
Pfeffer nach Belieben
Salz nach Belieben

Nährwerte p. P.

384 kcal
4 g Kohlenhydrate
31 g Fett
22 g Eiweiß

1 Spülen Sie den Feldsalat ab und lassen Sie ihn in einem Sieb abtropfen. Schneiden Sie den Käse in kleine Würfel. Säubern Sie die Pilze und schneiden Sie sie in dünne Scheiben. Träufeln Sie den Zitronensaft über die Pilze.

2 Füllen Sie den Essig und das Öl in eine Rührschüssel und vermischen Sie den Pfeffer und das Salz darin. Anschließend vermischen Sie die Marinade mit dem Feldsalat. Richten Sie ihn ringförmig auf einer Servierplatte an.

3 Pellen Sie das Ei und entfernen Sie das Eigelb. Zerdrücken Sie es mithilfe einer Gabel. Schneiden Sie das Eiweiß in kleine Würfelchen.

4 Geben Sie das Eigelb in eine Schüssel und vermischen Sie es mit dem Senf und dem Joghurt. Heben Sie dann die Eiweißwürfel vorsichtig darunter. Schmecken Sie die entstandene Soße mit Pfeffer und Salz ab.

5 Vermischen Sie die Champignons und die Käsewürfel miteinander und rühren Sie dann die Joghurt-Senf-Soße dazu.

6 Richten Sie die Käse-Pilz-Mischung im Feldsalatring an.

Suppen

SENFSUPPE

4 Port. 45 Min. Einfach

Zutaten

750 ml Gemüsebrühe
100 g saure Sahne
100 g Kartoffeln, mehligkochend
100 g Knollensellerie
50 g Gouda Käse, am Stück
1 Möhre
1 Knoblauchzehe
1 Zwiebel
2 EL Butter
3 EL Senf
Pfeffer nach Belieben
Salz nach Belieben

Nährwerte p. P.

157 kcal
9 g Kohlenhydrate
10 g Fett
6 g Eiweiß

1 Schälen Sie die Kartoffeln, die Möhre und den Sellerie und schneiden Sie alles in Würfel. Pellen Sie die Zwiebel und den Knoblauch und hacken Sie beides in feine Stücke. Reiben Sie den Gouda Käse in eine Schüssel. Entnehmen Sie 2 Esslöffel der sauren Sahne und stellen Sie sie zur weiteren Verwendung beiseite.

2 Erhitzen Sie die Butter in einem Topf und dünsten Sie die Kartoffeln, die Möhre, den Sellerie, die Zwiebeln und den Knoblauch darin an. Gießen Sie die Brühe hinzu und köcheln Sie die Zutaten bei niedriger Temperatur für etwa 20 Minuten.

3 Nach der Kochzeit pürieren Sie die Suppe zu einer gleichmäßigen cremigen Masse. Wenn Ihnen die Suppe zu flüssig erscheint, kochen Sie sie noch ein wenig ein, ist sie Ihnen zu dick, füllen Sie Brühe auf.

4 Nehmen Sie den Topf von der Kochstelle und vermischen Sie die saure Sahne, den Senf und den Käse darin. Würzen Sie die Suppe nach Belieben mit Pfeffer und Salz.

5 Zum Servieren verteilen Sie die Suppe auf tiefen Tellern und garnieren sie mit einem Klecks saurer Sahne.

WATERZOOI |

FISCHSUPPE MIT SELLERIE

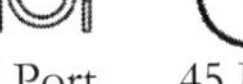

5 Port. 45 Min. Einfach

Zutaten

1 Liter Fleischbrühe
400 g Knollensellerie
300 g Rotbarschfilet
300 g Hechtfilet
300 g Aal
Petersilie nach Belieben
Pfeffer nach Belieben
Salz nach Belieben

Nährwerte p. P.

301 kcal
2 g Kohlenhydrate
18 g Fett
33 g Eiweiß

1 Schälen Sie die Sellerie und teilen Sie sie in zwei Hälften. Eine Hälfte schneiden Sie in kleine Stücke, die andere Hälfte in dünne Streifen. Spülen Sie die Petersilie ab und hacken Sie sie in kleine Stücke.

2 Entfernen Sie die Haut des Aales und schneiden Sie ihn in etwa 5 Zentimeter lange Stücke. Schneiden Sie den Rotbarsch und den Hecht in mundgerechte Stücke.

3 Gießen Sie die Brühe in einen Topf und geben Sie den klein geschnittenen Sellerie dazu. Garen Sie ihn, bis er weich ist, anschließend pürieren Sie alles zu einer cremigen Suppe.

4 Nun fügen Sie die Selleriestreifen und die Fischstücke dazu. Garen Sie die Zutaten bei niedriger Temperatur für etwa 10 Minuten.

5 Entnehmen Sie den Fisch aus der Suppe und stellen Sie ihn im Backofen bei niedriger Temperatur warm. Kochen Sie die Suppe kurz auf und würzen Sie sie nach Belieben mit Pfeffer und Salz.

6 Geben Sie die Suppe über die Fischstücke und bestreuen Sie sie mit der Petersilie.

KRESSE-RAHM-SUPPE

 4 Port.  30 Min. Einfach

Zutaten

750 ml Hühner- oder Fleischbrühe
250 ml Sahne
100 g Gouda Käse, alt
100 g Kartoffeln
50 g Butter
1 Stange Lauch
4 Kästchen Kresse, alternativ 150 g Brunnenkresse
Pfeffer nach Belieben
Salz nach Belieben

Nährwerte p. P.

398 kcal
11 g Kohlenhydrate
34 g Fett
12 g Eiweiß

1 Säubern Sie den Porree und schneiden Sie ihn in nicht zu dünne Ringe. Schälen Sie die Kartoffeln und schneiden Sie sie in grobe Würfel. Spülen Sie die Kresse ab und entfernen Sie die Blätter.

2 Erhitzen Sie die Butter in einem Topf und dünsten Sie den Porree und die Kartoffeln darin an. Gießen Sie die Brühe auf und vermischen Sie die halbe Menge der Kresse mit den Zutaten im Topf. Kochen Sie alles einmal auf und reduzieren Sie dann die Temperatur. Köcheln Sie die Suppe für etwa 20 Minuten.

3 Währenddessen reiben Sie den Käse mit einer feinen Reibe in eine Schüssel.

4 Nach der Kochzeit pürieren Sie die Suppe und geben dabei nach und nach die Sahne hinein. Anschließend verrühren Sie den geriebenen Käse in der Suppe. Schmecken Sie die Speise mit Pfeffer und Salz ab.

5 Schlagen Sie die Suppe nochmals mit dem Pürierstab auf und verteilen Sie sie auf Teller. Zum Garnieren streuen Sie die übrige Kresse auf die Suppe.

HOLLANDSE ERWTENSOEP |

HOLLÄNDISCHE ERBSENSUPPE

4 Port.

60 Min.

Einfach

Zutaten

300 g Erbsen, TK oder frisch
400 g Kartoffeln
100 g Speck, dünne Scheiben
1 Liter Fleischbrühe
1 Knoblauchzehe
1 Staudensellerie
1 Stange Lauch
2 Lorbeerblätter
3 Wacholderbeeren
2 EL Butter
2 Zweige Thymian
1 TL Pfefferkörner
Pfeffer nach Belieben
Salz nach Belieben

Nährwerte p. P.

449 kcal
32 g Kohlenhydrate
30 g Fett
13 g Eiweiß

1 Spülen Sie die frischen Erbsen ab oder lassen Sie die TK-Erbsen auftauen. Säubern Sie den Lauch, halbieren Sie ihn in der Länge und schneiden Sie ihn in dünne Scheiben. Säubern Sie den Sellerie und schneiden Sie ihn in Stücke. Das Grüne hacken Sie klein. Pellen Sie den Knoblauch und hacken Sie ihn in kleine Stücke. Schälen Sie die Kartoffeln und schneiden Sie sie in mundgerechte Stücke. Geben Sie die Wacholderbeeren, die Pfefferkörner und die Lorbeerblätter in ein Tee-Ei.

2 Erhitzen Sie die Butter in einem ausreichend großen Topf und geben Sie das Gemüse, außer die Erbsen und das Selleriegrün, hinein. Fügen Sie die Thymianzweige bei und dünsten Sie die Zutaten an. Gießen Sie die Brühe an und hängen Sie das Tee-Ei mit den Gewürzen in den Topf. Köcheln Sie die Suppe bei mittlerer Temperatur für etwa 20 Minuten.

3 Währenddessen schneiden Sie den Speck in dünne Streifen. Nach der Garzeit geben Sie die Erbsen, die Speckstreifen und die halbe Menge des Selleriegrüns in den Topf. Garen Sie die Suppe für weitere 10 Minuten.

4 Entfernen Sie das Tee-Ei und die Thymianzweige aus der Suppe und schmecken Sie sie mit Pfeffer und Salz ab. Verteilen Sie die Suppe auf tiefen Tellern und garnieren Sie sie mit dem übrigen Selleriegrün.

GOUDASUPPE

6 Port. 45 Min. Einfach

Zutaten

2 Liter Fleischbrühe
180 g Gouda Käse, gerieben
200 g Crème fraîche
300 g Schweinemett, gewürzt
2 Zwiebeln
2 Frühlingszwiebeln
1 Knoblauchzehe
1 Chilischote, rot
2 EL Schnittlauch, geschnitten
1 EL Butterschmalz
1 Prise Pfeffer
1 Prise Salz
Croûtons:
4 Scheiben Weißbrot, gerne älteres
1 EL Butter

Nährwerte p. P.

388 kcal
24 g Kohlenhydrate
19 g Fett
29 g Eiweiß

1 Pellen Sie die Zwiebel und den Knoblauch und schneiden Sie beides in kleine Würfel. Säubern Sie die Chilischote und schneiden Sie sie ebenso in kleine Würfel. Säubern Sie die Frühlingszwiebeln und schneiden Sie sie in dünne Ringe.

2 Erhitzen Sie das Schmalz in einem ausreichend großen Topf und dünsten Sie die Zwiebeln, den Knoblauch und die Chili darin an. Fügen Sie das Schweinemett bei und garen Sie die Zutaten unter Rühren bei mittlerer Temperatur für etwa 5 Minuten.

3 Gießen Sie die Fleischbrühe auf und vermischen Sie die Frühlingszwiebeln in der Suppe. Nun verrühren Sie die Crème fraîche und den Gouda Käse darin. Kochen Sie die Suppe kurz auf und schmecken Sie sie mit Pfeffer und Salz ab.

4 Schneiden Sie das Weißbrot in kleine Würfel und erhitzen Sie die Butter in einer Pfanne. Braten Sie die Brotwürfel für etwa 5 Minuten, bis sie kross werden. Rühren Sie zwischendurch um, damit alle Seiten eine gleichmäßige Bräune erhalten.

5 Zum Servieren richten Sie die Suppe auf Tellern an und bestreuen sie mit den Croûtons und den Schnittlauchröllchen.

KÖNIGINNENSUPPE

4 Port. 45 Min. Einfach

Zutaten

750 ml Kalbsfond
250 ml Weißwein, trocken
250 ml Sahne
40 g Butter, kalt
1 Zwiebel
3 Champignons, groß + weiß
2 EL Mehl
1 EL Zitronensaft
3 EL Crème fraîche
1 Msp. Cayennepfeffer
1 Prise Pfeffer, weiß
1 Prise Salz

Nährwerte p. P.

373 kcal
10 g Kohlenhydrate
31 g Fett
4 g Eiweiß

1 Pellen Sie die Zwiebel und schneiden Sie sie in kleine Würfel. Erhitzen Sie die halbe Menge der Butter in einem Topf und dünsten Sie die Zwiebeln darin an. Streuen Sie das Mehl darüber und schwitzen Sie alles kurz an.

2 Gießen Sie nach und nach den Kalbsfond unter Rühren auf und köcheln Sie die Suppe bei niedriger Temperatur für etwa 10 Minuten. In dieser Zeit sollte sie schön sämig werden.

3 Nun verrühren Sie den Wein, die Sahne, den Zitronensaft und die Crème fraîche in der Suppe. Würzen Sie sie mit dem Cayennepfeffer, dem Salz sowie dem Pfeffer und köcheln Sie sie für weitere 5 Minuten.

4 In der Zwischenzeit säubern Sie die Pilze und schneiden sie in dünne Scheiben. Geben Sie die übrige Butter in die Suppe und mischen Sie sie mit einem Pürierstab kräftig auf.

5 Zum Servieren verteilen Sie die Suppe auf geeignete Teller und garnieren sie mit den Pilzscheiben.

BRABANTSE BOERENSOEP |

BAUERNSUPPE AUS DER PROVINZ NORDBRABANT

8 Port. 90 Min. Einfach

Zutaten

500 g Lammfleisch
500 g Rindfleisch
150 g Schinken, geräuchert
250 g Möhren
250 g Kartoffeln
300 g Erbsen, TK
2 ½ Liter Fleischbrühe
2 Zwiebeln
3 Knoblauchzehen
3 Stangen Porree
2 Mettwürste, grob
5 EL Öl
Thymian, frisch, nach Belieben
Petersilie, frisch, nach Belieben
Basilikum, frisch, nach Belieben
Pfeffer, schwarz, nach Belieben
Salz nach Belieben

Nährwerte p. P.

488 kcal
18 g Kohlenhydrate
28 g Fett
39 g Eiweiß

1 Schneiden Sie das Fleisch in mundgerechte Stücke. Pellen Sie die Zwiebeln und den Knoblauch und schneiden Sie beides in kleine Würfel. Spülen Sie die Kräuter ab und hacken Sie sie in kleine Stücke.

2 Erhitzen Sie das Öl in einem großen Topf und braten Sie das Fleisch darin an. Geben Sie den Knoblauch und die Zwiebeln dazu und vermischen Sie alles miteinander. Würzen Sie die Speise mit Salz, Pfeffer, Thymian und Basilikum. Gießen Sie die Brühe auf und kochen Sie alle Zutaten auf. Reduzieren Sie die Temperatur auf die niedrigste Stufe und köcheln Sie die Suppe für 30 Minuten.

3 Währenddessen schälen Sie die Möhren und die Kartoffeln. Schneiden Sie beides in Würfel. Säubern Sie den Porree und schneiden Sie ihn in Ringe.

4 Geben Sie nach der Kochzeit das Gemüse zur Suppe und kochen Sie sie kurz auf. Garen Sie die Zutaten für weitere 10 Minuten.

5 In der Zwischenzeit schneiden Sie die Würste in Scheiben und den Schinken in Streifen. Geben Sie beides zur Suppe und köcheln Sie sie für wenige Minuten weiter.

6 Zum Servieren streuen Sie die Petersilie über die Suppe.

ZUID-HOLLANDSE KAASSOEP | KÄSESUPPE AUS DER PROVINZ SÜD-HOLLAND

4 Port.

60 Min.

Einfach

Zutaten

400 g Gouda, mittelalt, gerieben
400 g Champignons
50 g Butter
75 g Mehl
1 kg Kartoffeln, mehligkochend
2 Knollensellerie
1 Stange Porree
2 Zwiebeln
1 ½ Liter Milch
1 ¼ Liter Gemüsebrühe
1 ½ Liter Wasser
3 EL Paniermehl
2 EL Weißweinessig
2 TL Kümmel
1 TL Paprikapulver, rosenscharf
½ Pck. Safran
Gartenkresse nach Belieben
Pfeffer nach Belieben
Salz nach Belieben

Nährwerte p. P.

1.089 kcal
92 g Kohlenhydrate
53 g Fett
53 g Eiweiß

1 Pellen Sie dic Zwiebeln und schneiden Sie sie in kleine Würfel. Schälen Sie den Sellerie und schneiden Sie ihn in Stücke. Putzen Sie die Pilze und schälen Sie die Kartoffeln. Säubern Sie den Porree und schneiden Sie ihn in dünne Ringe. Gießen Sie das Wasser in einen Topf und kochen Sie es auf. Geben Sie den Sellerie, die Pilze, die Kartoffeln und den Porree hinein. Kochen Sie alles für etwa 15 Minuten.

2 Gießen Sie die Zutaten durch ein Sieb ab und fangen Sie die Brühe auf. Sammeln Sie die Kartoffeln aus dem Sieb und geben Sie sie in eine Schüssel. Pürieren Sie sie und vermischen Sie etwa 700 ml der aufgefangenen Brühe darin.

3 Erhitzen Sie die Butter in einer großen Pfanne und dünsten Sie die Zwiebeln darin an. Vermischen Sie das Mehl mit den Zwiebeln und gießen Sie nach und nach unter Rühren die Milch und die Gemüsebrühe dazu. Verrühren Sie den zerriebenen Safran, den Kümmel und den Pfeffer in der Soße. Anschließend rühren Sie 200 g vom Käse hinein. Nun vermischen Sie die pürierten Kartoffeln und das gekochte Gemüse in der Suppe. Schmecken Sie sie mit dem Essig und dem Salz ab.

4 Heizen Sie den Backofen auf die höchstmögliche Temperatur mit Oberhitze vor. Vermischen Sie den übrigen Käse mit dem Paniermehl und dem Paprikapulver. Gießen Sie die Suppe in eine ofenfeste Schüssel und streuen Sie die Käsemischung auf die Oberfläche. Überbacken Sie die Suppe im Backofen, bis sich die Oberfläche braun verfärbt. Zum Servieren bestreuen Sie die Suppe mit der Kresse.

HOLLÄNDISCHE ZWIEBELSUPPE

4 Port. 60 Min. Einfach

Zutaten

800 g Zwiebeln
50 g Butter
125 g Käse, gerieben
4 Scheiben Weißbrot
1 EL Mehl
2 Knoblauchzehen
1 Liter Gemüsebrühe
Pfeffer nach Belieben
Salz nach Belieben

Nährwerte p. P.

316 kcal
26 g Kohlenhydrate
17 g Fett
13 g Eiweiß

1 Pellen Sie die Zwiebeln und schneiden Sie sie in Ringe. Entfernen Sie die Schale vom Knoblauch und hacken Sie ihn in feine Stücke. Vermischen Sie die Zwiebeln mit dem Knoblauch und würzen Sie beides mit Salz. Stellen Sie die Zutaten kurz beiseite.

2 Geben Sie gut die Hälfte der Butter in einen großen Topf und zerlassen Sie sie. Geben Sie die Zwiebeln hinein und dünsten Sie sie für etwa 10 Minuten. Rühren Sie dabei immer wieder um, damit die Zwiebeln nicht ansetzen.

3 Vermischen Sie das Mehl in den Zwiebeln und löschen Sie alles mit der Gemüsebrühe ab. Kochen Sie die Suppe unter Rühren einmal auf. Würzen Sie nach Belieben mit Salz und Pfeffer und köcheln Sie die Suppe bei niedriger Temperatur für etwa 20 Minuten.

4 Schneiden Sie das Brot in mundgerechte Stücke. Erhitzen Sie die übrige Butter in einer Pfanne und braten Sie die Brotstücke, bis sie eine goldbraune Farbe angenommen haben.

5 Heizen Sie den Backofen auf 180 °C mit Umluftfunktion vor und belegen Sie ein Blech mit Backpapier. Verteilen Sie die gerösteten Brotstücke darauf und streuen Sie den Käse darüber. Überbacken Sie die Brotstücke, bis der Käse geschmolzen ist.

6 Zum Servieren geben Sie einige Käsebrotstücke auf einen Teller und füllen die Zwiebelsuppe darüber.

Brot & Brötchen

HOLLÄNDISCHES ROGGENBROT

5 Port. 160 Min. Einfach

Zutaten

660 g Roggenmehl, Type 1150
200 ml Milch
500 ml Wasser
75 g Haferflocken
42 g Hefe, frisch
15 g Butter
2 EL Wasser für die Hefe, lauwarm
1 TL Zucker
1 TL Salz

Nährwerte p. P.

576 kcal
110 g Kohlenhydrate
7 g Fett
19 g Eiweiß

1 Füllen Sie das Wasser in einen Topf und vermischen Sie die Haferflocken darin. Kochen Sie die Mischung kurz auf und reduzieren Sie dann die Temperatur auf die mittlere Stufe. Köcheln Sie das Haferflockenwasser für etwa 5 Minuten. Stellen Sie den Topf zum Abkühlen beiseite und anschließend für 10 Minuten in den Kühlschrank.

2 In der Zwischenzeit geben Sie das Mehl in eine Rührschüssel. Lösen Sie die Hefe in dem Wasser auf. Geben Sie das Haferflockenwasser zum Mehl und fügen Sie das Hefewasser bei. Verkneten Sie alles zusammen mit der Milch, der Butter, dem Zucker und dem Salz zu einem glatten Teig. Decken Sie die Schüssel ab und stellen Sie sie für 1 Stunde an einen warmen Ort.

3 Anschließend formen Sie aus dem Teig einen Laib. Legen Sie ihn für weitere 20 Minuten beiseite.

4 Währenddessen heizen Sie den Backofen auf 180 °C mit Umluftfunktion vor. Bereiten Sie ein Blech mit Backpapier vor.

5 Legen Sie den Teig auf das Blech und backen Sie es auf der mittleren Schiene für etwa 40 bis 50 Minuten.

FRIES SUIKERBROOD |

ZUCKERBROT AUS DER PROVINZ FRIESLAND

6 Port.

130 Min.

Einfach

Zutaten

450 g Mehl
150 ml Milch, lauwarm
100 g Hagelzucker
75 g Butter
25 g Hefe, frisch
2 Eier
3 EL Ingwersirup
1 TL Zimt
1 Prise Salz
Zucker zum Bestreuen
Butter für die Form

Nährwerte p. P.

487 kcal
78 g Kohlenhydrate
14 g Fett
11 g Eiweiß

1 Füllen Sie die Milch in eine Schüssel und lösen Sie unter Rühren die Hefe darin auf. Decken Sie die Schüssel ab und stellen Sie sie für 15 Minuten beiseite.

2 Währenddessen geben Sie das Mehl, die Butter, die Eier, das Salz und den Sirup in eine weitere Schüssel und vermischen alles miteinander. Fügen Sie die Hefemilch bei und stellen Sie einen glatten Teig her. Stellen Sie ihn zur Seite, bis er etwas aufgegangen ist.

3 Vermischen Sie den Hagelzucker mit dem Zimt und rühren Sie die Mischung grob unter den Teig. Fetten Sie eine Kastenform mit Butter ein und streuen Sie sie mit Zucker aus. Geben Sie den Teig in die Form und streuen Sie etwas Zucker auf die Oberfläche. Decken Sie die Form ab und stellen Sie sie für 30 Minuten beiseite.

4 Heizen Sie den Backofen auf 200 °C mit Umluftfunktion vor und backen Sie das Brot für etwa 30 Minuten, bis es eine bräunliche Färbung angenommen hat.

TIJGERBROOD |

NIEDERLÄNDISCHES TIGERBROT

6 Port.

240 Min. + 20 Std. Ruhezeit

Mittel

Zutaten

600 g Mehl, Type 550
280 ml Wasser
100 ml Milch
10 g Butter
10 g Salz
1 Pck. Trockenhefe
Sonnenblumenöl zum Einfetten

Tigerpaste:
70 ml Wasser
10 g Hefe, frisch
10 g Zucker
70 g Reismehl
2 TL Sesamöl
1 Prise Salz

Nährwerte p. P.

443 kcal
83 g Kohlenhydrate
7 g Fett
11 g Eiweiß

1 Gießen Sie das Wasser in eine Schüssel und verrühren Sie die Hefe darin, bis sie sich aufgelöst hat. Nun fügen Sie das Mehl, die Milch, die Butter und das Salz und den Zucker bei und vermischen alles mit den Händen. Fetten Sie eine Schüssel mit dem Öl ein und legen Sie den Teig hinein. Decken Sie die Schüssel ab und stellen Sie sie für insgesamt 20 Stunden beiseite. Nach 8 und nach 16 Stunden müssen Sie den Teig falten.

2 Zum Falten des Teiges legen Sie ihn auf eine geeignete Arbeitsfläche. Ziehen Sie den Teig in alle Richtungen lang und falten Sie ihn wieder zur Mitte. Legen Sie ihn wieder in die Schüssel und wiederholen Sie den Vorgang nach weiteren 8 Stunden. Nach der gesamten Ruhezeit ziehen Sie den Teig abermals auseinander und falten ihn in die Mitte. Legen Sie ihn mit der Naht nach unten zeigend auf die Arbeitsfläche und ziehen Sie ihn in die Länge. Die Oberfläche soll sich deutlich spannen. Platzieren Sie den Teig auf ein Stück Backpapier und decken Sie ihn ab. Stellen Sie ihn für 50 Minuten beiseite.

3 Währenddessen bereiten Sie die Tigerpaste vor. Geben Sie alle Zutaten in eine Schüssel und vermischen Sie sie miteinander. Stellen Sie sie für 30 Minuten zum Ruhen beiseite. Stellen Sie einen Bräter in den Backofen und heizen Sie ihn auf 250 °C mit Ober- und Unterhitze vor. Verteilen Sie mit einem Teigschaber die Tigerpaste auf dem Teig.

4 Nehmen Sie vorsichtig den aufgeheizten Bräter aus dem Ofen und legen Sie den Teig mitsamt dem Backpapier hinein. Legen Sie den Deckel auf und stellen Sie den Bräter für etwa 20 Minuten in den Backofen. Anschließend nehmen Sie den Deckel ab und reduzieren die Temperatur auf 190 °C. Backen Sie das Brot für weitere 20 Minuten. Bevor Sie das Brot servieren, sollte es für mindestens 1 Stunde abkühlen.

Hauptgerichte mit Fleisch & Geflügel

GRÜNKOHL MIT WURST

4 Port. 60 Min. Einfach

Zutaten

500 g Grünkohl
500 g Kartoffeln
4 Koch- oder Kohlwürste
4 EL Butter
Milch nach Belieben
Wasser nach Belieben
Pfeffer nach Belieben
Salz nach Belieben

Nährwerte p. P.

439 kcal
19 g Kohlenhydrate
34 g Fett
13 g Eiweiß

1 Spülen Sie den Grünkohl gründlich ab und schneiden Sie ihn in feine Stücke. Schälen Sie die Kartoffeln und schneiden Sie sie in Viertel.

2 Geben Sie den Grünkohl in einen Topf und gießen Sie so viel Wasser auf, bis er bedeckt ist. Vermischen Sie etwas Salz im Grünkohl und kochen Sie ihn für etwa 20 Minuten. Verfahren Sie mit den Kartoffeln ebenso.

3 Füllen Sie etwas Wasser in einen Topf und geben Sie die Wurst hinein. Erwärmen Sie sie bei niedriger Temperatur.

4 Gießen Sie den Kohl und die Kartoffeln ab. Dämpfen Sie die Kartoffeln und zerstampfen Sie sie mit einem Kartoffelstampfer. Geben Sie währenddessen die Butter und Milch nach Belieben hinzu. Würzen Sie das Püree mit Pfeffer und Salz.

5 Nun vermischen Sie den Grünkohl im Kartoffelpüree. Der Stamppot ist fertig.

6 Zum Servieren füllen Sie den Stamppot in eine Servierschüssel und legen die Wurst dazu.

HUTSPOT MET KLAPSTUK |

HOCHRIPPE MIT KARTOFFELPÜREE

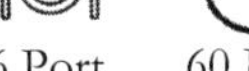

6 Port. 60 Min. Einfach

Zutaten

800 g Rindfleisch (Hochrippe/Rinderbrust)
1 kg Kartoffeln
1 Liter Gemüsebrühe
4 EL Senf
8 Möhren
8 Zwiebeln
1 Prise Pfeffer
1 Prise Salz

Nährwerte p. P.

374 kcal
38 g Kohlenhydrate
9 g Fett
31 g Eiweiß

1 Gießen Sie die Gemüsebrühe in einen Topf und geben Sie das Fleisch hinein. Kochen Sie es bei mittlerer Temperatur für etwa 1 ½ Stunden. Nach der Kochzeit holen Sie das Fleisch aus dem Topf und stellen es zum Abkühlen beiseite. Danach schneiden Sie es in dicke Scheiben.

2 In der Zwischenzeit schälen Sie die Kartoffeln und die Möhren. Pellen Sie die Zwiebeln und schneiden Sie sie in Ringe. Kochen Sie die Möhren und die Zwiebeln für etwa 30 Minuten. Die Kartoffeln kochen Sie in einem separaten Topf gar.

3 Nach der Garzeit gießen Sie alles ab und vermischen die Möhren, Kartoffeln und Zwiebeln miteinander. Stampfen Sie die Zutaten mit einem Kartoffelstampfer zu einer glatten Masse. Würzen Sie nach Belieben mit Salz und Pfeffer.

4 Zum Servieren richten Sie die Fleischscheiben auf Tellern an und geben das Kartoffelpüree dazu. Stellen Sie den Senf zur Selbstbedienung auf den Tisch.

BRUINE BONEN MET APPEL EN SPEK |

BRAUNE BOHNEN AUS DER PROVINZ DRENTHE

4 Port.

90 Min. + 1 Nacht Einweichzeit

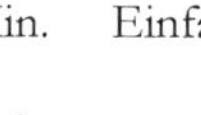
Einfach

Zutaten

500 g Bohnen, braun
200 g Hackfleisch vom Rind
100 g Bacon
50 g Butter
1 EL Zuckerrübensirup
2 Lorbeerblätter
1 Zwiebel
2 Äpfel
Pfeffer nach Belieben
Salz nach Belieben

Nährwerte p. P.

755 kcal
94 g Kohlenhydrate
24 g Fett
43 g Eiweiß

1 Geben Sie die Bohnen in eine Schüssel und bedecken Sie sie mit Wasser. Stellen Sie die Bohnen über Nacht zum Einweichen beiseite.

2 Am nächsten Tag gießen Sie die Bohnen ab und füllen sie in einen Topf. Gießen Sie frisches Wasser auf und fügen Sie die Lorbeerblätter bei. Kochen Sie die Bohnen, bis sie weich geworden sind. Anschließend holen Sie die Lorbeerblätter wieder heraus und gießen die Bohnen ab.

3 In der Zwischenzeit schälen Sie die Äpfel und schneiden sie in kleine Würfel. Pellen Sie die Zwiebel und schneiden Sie sie ebenfalls in kleine Würfel. Verfahren Sie mit dem Bacon ebenso.

4 Erhitzen Sie die Butter in einer Pfanne und braten Sie die Speckwürfel an. Geben Sie die Zwiebeln dazu und dünsten Sie sie, bis sie eine hellbraune Farbe bekommen.

5 Nun geben Sie das Hackfleisch in die Pfanne und braten es krümelig an. Würzen Sie es nach Belieben mit Salz und Pfeffer. Reduzieren Sie die Temperatur der Kochstelle und vermischen Sie den Sirup und die Apfelstücke mit dem Hackfleisch. Köcheln Sie die Zutaten für etwa 5 Minuten.

6 Fügen Sie nun die Bohnen dazu und vermischen Sie sie in der Pfanne. Erhitzen Sie die Speise für wenige Minuten.

SNIJDSEL |

SCHNITZEL AUS DER PROVINZ UTRECHT

4 Port.

45 Min.

Einfach

Zutaten

4 Putenschnitzel
1 Zwiebel
2 Tomaten
350 g Champignons
160 g Gouda Käse, gerieben
40 g Butter
1 EL Weißwein, trocken
2 EL Crème fraîche
Pfeffer nach Belieben
Salz nach Belieben

Nährwerte p. 100g

582 kcal
1 g Kohlenhydrate
12 g Fett
9 g Eiweiß

1 Pellen Sie die Zwiebel und schneiden Sie sie in kleine Stücke. Putzen Sie die Pilze und schneiden Sie sie in dünne Scheiben. Säubern Sie die Tomaten und schneiden Sie sie in Scheiben. Fetten Sie eine Auflaufform ein und heizen Sie den Backofen auf 180 °C mit Umluftfunktion vor.

2 Erhitzen Sie die halbe Menge der Butter in einer Pfanne und dünsten Sie die Zwiebeln glasig an. Geben Sie die Pilze dazu und braten Sie sie, bis die Flüssigkeit verkocht ist. Vermischen Sie den Wein und die Crème fraîche in der Pfanne und köcheln Sie die Zutaten für wenige Minuten. Würzen Sie die Soße mit Pfeffer und Salz.

3 Würzen Sie die Putenschnitzel nach Belieben mit Pfeffer. Erhitzen Sie die übrige Butter in einer weiteren Pfanne und braten Sie das Fleisch von beiden Seiten für je 2 Minuten an. Anschließend würzen Sie es mit dem Salz. Legen Sie die Schnitzel in die Auflaufform und gießen Sie die Pilzsoße darüber.

4 Streuen Sie den Käse über die Speise und verteilen Sie die Tomatenscheiben auf der Oberfläche. Würzen Sie nochmals mit Salz und Pfeffer und schieben Sie die Auflaufform auf die mittlere Schiene des Backofens.

5 Überbacken Sie die Speise für etwa 10 Minuten.

REISFLEISCH

3 Port. 60 Min. Einfach

Zutaten

400 g Nackenfleisch vom Schwein
150 g Champignons
125 g Reis
120 g Gouda Käse
250 ml Fleischbrühe
1 Zwiebel
2 Tomaten
½ Paprika, gelb
½ Paprika, rot
½ Paprika, grün
1 EL Maiskeimöl
3 EL Milch
Tabasco-Soße nach Belieben
Thymian, getrocknet, nach Belieben
Basilikum, getrocknet, nach Belieben
Pfeffer nach Belieben
Salz nach Belieben

Nährwerte p. P.

752 kcal
45 g Kohlenhydrate
34 g Fett
44 g Eiweiß

1 Schneiden Sie das Fleisch in mundgerechte Stücke. Pellen Sie die Zwiebel und schneiden Sie sie in kleine Würfel. Säubern Sie die Paprika sowie die Tomaten und schneiden Sie beides ebenso in kleine Würfel. Putzen Sie die Pilze und schneiden Sie sie in Viertel. Schneiden Sie den Gouda in kleine Würfel.

2 Erhitzen Sie das Öl in einem Topf und braten Sie das Fleisch rundherum an. Geben Sie die Zwiebeln dazu und dünsten Sie sie für kurze Zeit mit an. Anschließend holen Sie das Fleisch heraus und füllen den Reis hinein. Vermischen Sie die Paprika und die Champignons mit dem Reis und geben Sie die Tomaten dazu. Löschen Sie alles mit der Milch ab und lösen Sie den Bratensatz. Gießen Sie die Brühe an und schmoren Sie die Zutaten für etwa 10 Minuten.

3 Nun vermischen Sie das Fleisch mit den Zutaten im Topf und garen es für weitere 10 Minuten. Würzen Sie die Speise nach Belieben mit der Tabasco-Soße, dem Thymian, dem Basilikum, dem Pfeffer und dem Salz.

4 Zum Schluss verrühren Sie die Käsewürfel in der Speise.

WITLOFSTAMPPOT MET HAM EN KAAS | GEMISCHTER KARTOFFELTOPF

2 Port. 60 Min. Einfach

Zutaten

500 g Kartoffeln, mehligkochend
75 g Schinken, gekocht
25 g Butter
50 g Gouda, gerieben
4 Chicorée
1 Zwiebel
2 TL Petersilie, gehackt
1 Schuss Milch zum Stampfen
Butter zum Stampfen
Pfeffer nach Belieben
Salz nach Belieben

Nährwerte p. P.

468 kcal
53 g Kohlenhydrate
17 g Fett
23 g Eiweiß

1 Schälen Sie die Kartoffeln und schneiden Sie sie in kleine Stücke. Garen Sie sie in Salzwasser für etwa 20 Minuten.

2 Währenddessen schneiden Sie den Schinken in kleine Stücke. Pellen Sie die Zwiebel und schneiden Sie sie in Würfel. Entfernen Sie den Strunk aus dem Chicorée und schneiden Sie ihn in Streifen.

3 Erhitzen Sie die Butter in einer Pfanne und dünsten Sie die Zwiebeln an. Vermischen Sie den Chicorée in der Pfanne und garen Sie alles, bis er weich geworden ist.

4 Gießen Sie die Kartoffeln ab und zerstampfen Sie sie mit etwas Butter und Milch zu einem feinen Püree. Vermischen Sie es mit der Chicorée-Mischung aus der Pfanne, dem geriebenen Käse sowie der gehackten Petersilie und würzen Sie die Speise nach Belieben mit Pfeffer und Salz.

FRITTIERTE FRIKADELLEN

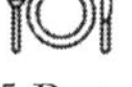

5 Port. 120 Min. Einfach

Zutaten

300 g Hackfleisch, gemischt
150 g Hackfleisch, Pute
1 Ei
2 TL Petersilie, getrocknet
1 TL Brühepulver
2 Scheiben Toastbrot
Wasser zum Kochen

Nährwerte p. P.

237 kcal
8 g Kohlenhydrate
13 g Fett
21 g Eiweiß

1 Geben Sie beide Hackfleischsorten in eine Schüssel und verkneten Sie sie sorgfältig miteinander. Schneiden Sie das Toastbrot in kleine Würfel und vermischen Sie es im Hackfleisch. Vermengen Sie nun das Ei, die Petersilie und das Brühepulver mit den Zutaten in der Schüssel.

2 Teilen Sie den Hackfleischteig in 5 gleich große Stücke. Formen Sie aus jedem Stück eine längliche Rolle von etwa 18 Zentimetern Länge. Wickeln Sie die Rollen einzeln in Frischhaltefolie ein und verschließen Sie die Enden mit einem Faden.

3 Kochen Sie etwas Wasser in einem Topf auf und reduzieren Sie dann die Temperatur auf die niedrigste Stufe. Legen Sie die Frikandel hinein und garen Sie sie für etwa 5 Minuten. Anschließend legen Sie sie zum Abkühlen beiseite.

4 Legen Sie die Frikandel in das Gefrierfach. Sie sollen einmal durchgefroren sein. Nun entfernen Sie die Folie und heizen eine Fritteuse auf 175 °C auf. Frittieren Sie die Frikandel für etwa 5 bis 7 Minuten.

ZUURVLEES MET RODE WIJN |

SAUERFLEISCH AUS DER PROVINZ LIMBURG

4 Port.

120 Min.

Einfach

Zutaten

600 g Rindfleisch
200 ml Rotwein
50 g Butter
2 EL Apfeldicksaft
2 EL Mehl
4 EL Rotweinessig
4 Zwiebeln
8 Wacholderbeeren
2 Gewürznelken
4 Lorbeerblätter
3 Stck. Lebkuchen
Pfeffer nach Belieben
Salz nach Belieben

Nährwerte p. P.

634 kcal
34 g Kohlenhydrate
36 g Fett
34 g Eiweiß

1 Pellen Sie die Zwiebeln und schneiden Sie sie in kleine Stücke. Schneiden Sie das Fleisch in Würfel und vermischen Sie es in einer Schüssel mit dem Pfeffer, dem Salz und dem Mehl.

2 Erhitzen Sie die Butter in einem großen Topf und braten Sie das Fleisch rundherum an. Nehmen Sie es heraus und geben Sie die Zwiebeln hinein. Dünsten Sie sie für etwa 5 Minuten und geben Sie dann das Fleisch wieder dazu. Gießen Sie den Wein und den Essig an und vermischen Sie die Wacholderbeeren, die Lorbeerblätter und die Gewürznelken mit den Zutaten im Topf. Legen Sie einen Deckel auf und köcheln Sie die Speise bei niedriger Temperatur für etwa 90 Minuten.

3 Zerbröckeln Sie den Lebkuchen und geben Sie ihn nach 60 Minuten Kochzeit in den Topf. Fügen Sie den Apfeldicksaft bei und vermischen Sie alles miteinander. Schmoren Sie die Speise so lange, bis das Fleisch zart und die Soße eingedickt ist.

GEHACKBAL |

HACKBÄLLCHEN

4 Port. 140 Min. Einfach

Zutaten

500 g Hackfleisch, gemischt
2 Scheiben Toastbrot
2 Eier
1 Zwiebel
2 EL Salbei, frisch gehackt
1 ½ TL Chiliflocken
1 ½ TL Muskatnuss
1 ½ TL Currypulver
1 ½ TL Pfeffer
2 TL Salz
Milch zum Einweichen

Nährwerte p. P.

355 kcal
10 g Kohlenhydrate
23 g Fett
25 g Eiweiß

1 Schneiden Sie das Brot in Würfel und geben Sie es auf einen tiefen Teller. Füllen Sie so viel Milch dazu, bis sich die Brotwürfel damit vollgesogen haben. Pellen Sie die Zwiebel und schneiden Sie sie in kleine Würfel.

2 Geben Sie das Hackfleisch in eine Schüssel. Vermischen Sie alle Gewürze miteinander und verkneten Sie sie im Hackfleisch. Zum Schluss vermengen Sie die Zwiebeln, die Eier und die ausgedrückten Brotwürfel im Hackfleischteig. Kneten Sie den Teig gründlich durch und stellen Sie ihn für 2 Stunden in den Kühlschrank.

3 Formen Sie 4 gleich große Frikadellen aus dem Hackfleischteig. Erhitzen Sie etwas Fett in einer Pfanne und braten Sie die Frikadellen rundherum an. Anschließend können Sie entweder einen Deckel auflegen und die Hackbälle bei niedriger Temperatur gar ziehen lassen oder sie im Backofen weitergaren.

HOLLÄNDISCHE HACKFLEISCH-SCHNITZEL

6 Port.

60 Min.

Einfach

Zutaten

1 kg Schweineschulter (alternativ Hackfleisch, gemischt)
400 g Hartkäse, gerieben
1 Brötchen
1 Ei für das Hackfleisch
1 - 2 Eier zum Panieren
1 Handvoll Petersilie, gehackt
2 EL Milch
Pfeffer nach Belieben
Salz nach Belieben
Paniermehl für das Hackfleisch
Paniermehl zum Panieren
Reichlich Fett zum Braten

Nährwerte p. P.

493 kcal
10 g Kohlenhydrate
27 g Fett
52 g Eiweiß

1 Schneiden Sie zunächst das Fleisch und das Brötchen in kleine Stücke. Anschließend drehen Sie beides durch einen Fleischwolf. Sollten Sie keinen besitzen, können Sie alternativ auch fertiges Hackfleisch verwenden. Dieses vermischen Sie dann mit den Brötchenstücken.

2 Geben Sie das Hackfleisch in eine Schüssel und verkneten Sie es mit dem Ei, der Milch, der Petersilie, dem Käse, dem Pfeffer und dem Salz. Geben Sie nach Gefühl etwas Paniermehl dazu, bis ein fester Hackfleischteig entsteht.

3 Formen Sie Frikadellen beliebiger Größe aus dem Teig. Verquirlen Sie die Eier und geben Sie das Paniermehl auf einen flachen Teller. Panieren Sie die Frikadellen mindestens dreimal hintereinander.

4 Erhitzen Sie das Fett in einer Pfanne und braten Sie die Frikadellen bei niedriger Temperatur, bis sie gar sind.

Hauptgerichte mit Fisch & Meeresfrüchten

FISCHGULASCH

2 Port.

45 Min.

Einfach

Zutaten

360 g Kabeljaufilet
200 g Gewürzgurken
50 g Sahne
200 ml Milch
2 EL Kapern
4 TL Mehl
4 TL Margarine
Zitronensaft nach Belieben
Dill nach Belieben
Zucker nach Belieben
Pfeffer nach Belieben
Salz nach Belieben

Nährwerte p. P.

531 kcal
23 g Kohlenhydrate
29 g Fett
43 g Eiweiß

1 Schneiden Sie den Fisch in mundgerechte Stücke und träufeln Sie nach Belieben den Zitronensaft darüber. Schneiden Sie die Gewürzgurken in kleine Würfel. Spülen Sie den Dill ab und hacken Sie ihn in feine Stücke.

2 Erhitzen Sie die Margarine in einem Topf und verrühren Sie das Mehl darin. Füllen Sie nach und nach unter ständigem Rühren die Milch hinzu, bis sich eine cremige Soße entwickelt hat.

3 Nun geben Sie die Fischstücke in die Soße. Köcheln Sie die Zutaten bei niedriger Temperatur für etwa 15 Minuten.

4 Anschließend geben Sie die Gurken und die Kapern hinein und verfeinern die Speise mit der Sahne sowie dem Dill. Schmecken Sie alles nach Belieben mit Zucker, Pfeffer und Salz ab.

KIBBELING |

FISCH IN BACKTEIG

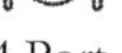

4 Port. 60 Min. Einfach

Zutaten

1 kg Kabeljaufilet
400 ml Milch
200 g Mehl
2 Eier
1 Prise Salz
Öl zum Frittieren
Viskruiden (Gewürzmischung):
2 Knoblauchzehen, gepresst
1 TL Ingwer, gemahlen
1 TL Muskatnuss, gemahlen
1 TL Paprikapulver, edelsüß
1 TL Cayennepfeffer
1 EL Senfpulver
1 EL Pfeffer, schwarz

Nährwerte p. P.

308 kcal
50 g Kohlenhydrate
7 g Fett
13 g Eiweiß

1 Bereiten Sie zunächst den Backteig zu. Gießen Sie die Milch in eine Schüssel und verrühren Sie die Eier darin. Geben Sie nach und nach unter Rühren das Mehl hinzu und verarbeiten Sie die Zutaten zu einem flüssigen Teig.

2 Erhitzen Sie das Öl in einem ausreichend großen Topf auf etwa 170 °C. Währenddessen bereiten Sie die Gewürzmischung für den Fisch zu.

3 Dazu vermischen Sie alle Zutaten in einer Schüssel miteinander. Anschließend wälzen Sie den Fisch darin.

4 Nun tauchen Sie das Fischfilet in den Backteig und geben es dann vorsichtig in das heiße Öl. Backen Sie den Kabeljau für etwa 5 Minuten aus und entfetten Sie ihn dann auf einem Stück Küchenpapier. Zum Servieren würzen Sie den Backfisch mit Salz.

AMELÄNDER FISCHTOPF |

FISCHROULADEN AUS DER PROVINZ FRIESLAND

4 Port.

90 Min.

Einfach

Zutaten

150 g Schollenfilet
150 g Schellfischfilet
150 g Kabeljaufilet
500 g Kartoffeln
150 g Muscheln, gekocht
1 Zitrone, den Saft davon
1 TL Essig
1 Zwiebel
Butter zum Einfetten
Pfeffer nach Belieben
Salz nach Belieben

Nährwerte p. P.

257 kcal
24 g Kohlenhydrate
4 g Fett
29 g Eiweiß

1 Legen Sie je eine Sorte Fischfilet übereinander und rollen Sie sie zu einer Roulade auf. Stecken Sie das Ende mit einem Zahnstocher fest. Schälen Sie die Kartoffeln und schneiden Sie sie in dünne Scheiben. Pellen Sie die Zwiebel und schneiden Sie sie in dünne Ringe.

2 Fetten Sie eine Auflaufform mit der Butter ein und verteilen Sie die Kartoffelscheiben darin. Würzen Sie sie nach Belieben mit Salz und Pfeffer.

3 Dann verteilen Sie die Zwiebelringe, die Fischrouladen und die Muscheln auf den Zwiebeln. Würzen Sie alles abermals mit Pfeffer und Salz. Gießen Sie den Zitronensaft in die Auflaufform und geben Sie einen Spritzer Essig darüber.

4 Heizen Sie den Backofen auf 175 °C mit Umluftfunktion vor und garen Sie die Speise für etwa 45 Minuten.

HOLLÄNDISCHES FISCHQUARTETT

4 Port. 90 Min. Einfach

Zutaten

4 Forellen, küchenfertig
4 Tomaten
4 Möhren
1 Bund Petersilie
1 Zitrone, den Saft davon
100 g Champignons aus der Dose
500 ml Sahne
1 EL Zwiebeln, gehackt
4 EL Gouda, gerieben
Butter zum Braten
Pfeffer nach Belieben
Salz nach Belieben

Nährwerte p. P.

691 kcal
12 g Kohlenhydrate
52 g Fett
43 g Eiweiß

1 Waschen Sie die Forellen und tupfen Sie sie mit einem Stück Küchenpapier trocken. Träufeln Sie den Zitronensaft über die Fische und würzen Sie sie mit Salz und Pfeffer. Fetten Sie eine ofenfeste Form ein und legen Sie die Forellen hinein.

2 Geben Sie die Pilze zum Abtropfen in ein Sieb. Erhitzen Sie die Butter in einem Topf und dünsten Sie die Pilze und die Zwiebeln darin an.

3 Spülen Sie die Petersilie ab und hacken Sie sie in kleine Stücke. Enthäuten Sie die Tomaten und schneiden Sie sie in Achtel. Schälen Sie die Möhren und reiben Sie sie in eine Schüssel.

4 Belegen Sie die Forellen mit den geriebenen Möhren, der Petersilie und den Tomatenstücken. Verteilen Sie die Pilz-Zwiebel-Mischung darauf.

5 Gießen Sie die Sahne in eine Schüssel und würzen Sie sie mit Pfeffer. Vermischen Sie den geriebenen Käse darin und geben Sie die Sahne in die Form.

6 Heizen Sie den Backofen auf 200 °C mit Umluftfunktion vor und garen Sie die Speise für etwa 20 Minuten.

LEKKERBEK |

BACKFISCH

4 Port. 30 Min. Einfach

Zutaten

800 g Kabeljau
100 g Speisestärke
200 g Mehl
200 ml Eiswasser
2 Eier
2 TL Backpulver
Fischgewürz nach Belieben
Pfeffer nach Belieben
Salz nach Belieben
Öl zum Frittieren
Mehl zum Panieren

Nährwerte p. P.

479 kcal
59 g Kohlenhydrate
5 g Fett
48 g Eiweiß

1 Erhitzen Sie eine reichliche Menge Öl in einem Topf auf etwa 180 °C. Alternativ können Sie auch eine Fritteuse verwenden.

2 Zerteilen Sie den Fisch in 4 Portionen. Würzen Sie ihn nach Belieben mit dem Fischgewürz, dem Pfeffer und dem Salz.

3 Sieben Sie das Mehl in eine Schüssel und vermischen Sie die Speisestärke und das Backpulver darin. Schlagen Sie die Eier hinein und füllen Sie die halbe Menge des Eiswassers dazu.

4 Verkneten Sie alle Zutaten zu einem Teig und würzen Sie ihn nach Belieben mit etwas Fischgewürz, Salz und Pfeffer. Nun vermischen Sie das übrige Eiswasser und stellen einen glatten Teig her.

5 Geben Sie etwas Mehl auf einen flachen Teller und wälzen Sie die Fischstücke darin. Klopfen Sie überschüssiges Mehl ab und tauchen Sie den Fisch in den Backteig. Anschließend geben Sie die Stücke vorsichtig in das heiße Öl.

6 Backen Sie die Teile für 5 bis 10 Minuten, bis sie eine goldbraune Farbe angenommen haben.

7 Legen Sie den Backfisch zum Entfetten auf ein Stück Küchenpapier.

GEBAKKEN SLIPTONG |

GEBRATENE SEEZUNGE

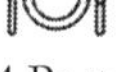
4 Port.

30 Min.

Einfach

Zutaten

8 Seezungenfilets
100 g Mehl
100 g Salz
10 g Schnittlauch, frisch gehackt
90 g Ghee
2 EL Dill, getrocknet
1 TL Kurkuma, gemahlen
1 TL Ingwerpulver
1 TL Muskatblüte, gemahlen
½ TL Koriander, gemahlen
1 ½ Zitronen
1 ½ TL Pfeffer, weiß

Nährwerte p. P.

440 kcal
14 g Kohlenhydrate
27 g Fett
25 g Eiweiß

1 Spülen Sie den Fisch ab und tupfen Sie ihn mit Küchenpapier trocken. Schneiden Sie die ganze Zitrone in Viertel und pressen Sie die halbe Zitrone aus.

2 Geben Sie alle trockenen Gewürze auf einen Teller und vermischen Sie sie gründlich miteinander. Würzen Sie mit 2 Teelöffeln dieser Mischung die Fischfilets. Die übrige Gewürzmischung füllen Sie zur späteren Verwendung in ein gut verschließbares Glas.

3 Verteilen Sie das Mehl auf einem flachen Teller und wälzen Sie den Fisch von beiden Seiten darin.

4 Verteilen Sie ⅔ des Ghee auf 2 Pfannen und erhitzen Sie sie. Legen Sie so viele Seezungen in die Pfannen, wie hineinpassen. Braten Sie sie bei mittlerer bis hoher Temperatur für etwa 5 Minuten und wenden Sie sie zwischendurch. Erhitzen Sie das übrige Ghee und braten Sie den Rest der Seezungen.

5 Verteilen Sie den Schnittlauch und etwas Zitronensaft auf beide Pfannen und vermischen Sie beides mit dem Bratfett.

6 Zum Servieren verteilen Sie die Seezungen auf Teller und geben jeweils vom Bratfett darüber. Zum Garnieren legen Sie ein Stück Zitrone bei.

Vegetarische & vegane Hauptgerichte

DRENTSE KOOLRAAPSTAMPPOT |

KOHLRABISPEISE AUS DER PROVINZ DRENTHE

 4 Port.

 80 Min.

 Leicht

Zutaten

700 g Kohlrabi
750 g Kartoffeln, mehligkochend
250 g Champignons
100 g Käse, gerieben, mit Kümmel (Leidener Käse)
125 g Joghurt, natur
½ Bund Schnittlauch
2 EL Kräuterbutter
Pfeffer nach Belieben
Salz nach Belieben

Nährwerte p. P.

330 kcal
42 g Kohlenhydrate
9 g Fett
17 g Eiweiß

1 Schälen Sie die Kartoffeln und die Kohlrabi und schneiden Sie beides in Würfel. Geben Sie das Gemüse mit wenig Salzwasser in einen Topf und kochen Sie es in etwa 20 Minuten gar. In der Zwischenzeit säubern Sie die Pilze und schneiden sie in Viertel. Schneiden Sie den Schnittlauch in feine Röllchen.

2 Erhitzen Sie die Kräuterbutter in einer Pfanne und braten Sie die Pilze, bis die Flüssigkeit verdampft ist. Würzen Sie sie nach Belieben mit Pfeffer. Gießen Sie die Kartoffeln und den Kohlrabi ab und geben Sie beides wieder in den Topf. Stampfen Sie das Gemüse mithilfe eines Kartoffelstampfers zu einem feinen Brei.

3 Heizen Sie den Backofen auf 300 °C mit Oberhitze vor. Sollte sich Ihr Ofen nicht auf eine so hohe Temperatur einstellen lassen, wählen Sie die höchstmögliche Temperatur. Geben Sie den Joghurt in eine Rührschüssel und vermischen Sie ihn mit ¾ der Käsemenge und ¾ der Schnittlauchmenge. Anschließend verrühren Sie die Joghurtmischung im Kartoffelbrei. Schmecken Sie alles mit Salz und Pfeffer ab.

4 Füllen Sie das Püree in eine Auflaufform und streuen Sie den übrigen Käse darüber. Gratinieren Sie die Speise für wenige Minuten, bis sich die Oberfläche gebräunt hat. Zum Servieren verteilen Sie die Pilze auf der Speise und streuen den übrigen Schnittlauch darüber.

QUICHE MET BOERENKOOL |

GRÜNKOHLQUICHE AUS DER PROVINZ FRIESLAND

8 Stk.

80 Min.

Leicht

Zutaten

400 g Grünkohl, TK
200 g Blauschimmelkäse
200 ml Sahne
100 g Cranberrysoße, alternativ Preiselbeeren
300 g Quicheteig, Fertigprodukt, 32 cm Durchmesser
50 g Walnüsse
4 Eier
1 Zitrone, unbehandelt
1 Zwiebel
2 EL Rapsöl
Pfeffer, schwarz, nach Belieben
Salz nach Belieben

Nährwerte p. Stk.

439 kcal
18 g Kohlenhydrate
34 g Fett
13 g Eiweiß

1 Pellen Sie die Zwiebel und hacken Sie sie in feine Stücke. Geben Sie den Grünkohl zum Abtropfen in ein Sieb. Drücken Sie ihn gegebenenfalls etwas aus.Erhitzen Sie 1 Esslöffel Öl in einer Pfanne und rösten Sie die Walnüsse darin an. Anschließend nehmen Sie sie heraus und stellen sie zur weiteren Verwendung beiseite.

2 Reiben Sie zunächst die Schale der Zitrone ab. Danach halbieren Sie sie und pressen den Saft heraus. Erhitzen Sie das übrige Öl in der Pfanne und dünsten Sie die Zwiebeln glasig an. Geben Sie den Grünkohl, die Zitronenschale und den Zitronensaft dazu und vermischen Sie alles miteinander. Würzen Sie nach Belieben mit Salz und Pfeffer und garen Sie die Zutaten bei mittlerer Temperatur für etwa 15 Minuten. Fügen Sie etwas Wasser bei, falls die Speise zu trocken ist. Am Ende der Garzeit vermischen Sie die Walnüsse im Grünkohl.

3 In der Zwischenzeit schneiden Sie den Blauschimmelkäse in kleine Würfel. Fetten Sie eine Quicheform oder eine andere für diesen Zweck gebräuchliche Form ein und belegen Sie sie mit dem Teig. Ziehen Sie dabei die Ränder etwas nach oben.Heizen Sie den Backofen auf 180 °C mit Ober- und Unterhitze vor. Füllen Sie die Sahne in eine Schüssel und vermischen Sie sie mit den Eiern. Würzen Sie die Eiersahne nach Belieben mit Pfeffer und Salz.

4 Verteilen Sie die Grünkohlmischung auf dem Teig und gießen Sie die Eiersahne darüber. Verteilen Sie die Käsewürfel und die Cranberrysoße auf der Oberfläche. Backen Sie die Quiche für etwa 35 Minuten auf der mittleren Schiene.

Beilagen

PORREE IN HOLLANDAISE

 4 Port.

 45 Min.

 Leicht

Zutaten

4 Stangen Porree
200 ml Gemüsebrühe
50 g Butter
Muskatnuss nach Belieben
Pfeffer nach Belieben
Salz nach Belieben
Petersilie zum Garnieren
Hollandaise-Soße:
250 g Butter
2 EL Zitronensaft
4 EL Weißwein, trocken
3 Eigelbe
Pfeffer nach Belieben
Salz nach Belieben

Nährwerte p. P.

694 kcal
9 g Kohlenhydrate
69 g Fett
9 g Eiweiß

1 Säubern Sie den Lauch und schneiden Sie ihn in etwa 4 Zentimeter breite Scheiben.

2 Erhitzen Sie die Butter in einem Topf, bis sie aufschäumt, und dünsten Sie den Porree darin an. Gießen Sie die Brühe dazu und köcheln Sie das Gemüse mit Deckel bei niedriger Temperatur für etwa 10 Minuten. Anschließend nehmen Sie den Deckel ab und lassen die Brühe reduzieren. Schmecken Sie den Lauch mit Muskatnuss, Salz und Pfeffer ab.

3 Bereiten Sie die Soße zu, indem Sie die Butter in einen Topf geben und sie bei niedriger Temperatur zerlassen. Schöpfen Sie gegebenenfalls sich bildenden Schaum ab. Geben Sie die Eigelbe und den Weißwein in eine metallene Schüssel. Bereiten Sie einen Topf mit kochendem Wasser vor und stellen Sie die Schüssel darüber. Schlagen Sie die Eigelb-Wein-Masse mit einem Schneebesen, bis sie schaumig wird. Nehmen Sie den Topf von der Kochstelle und schlagen Sie die Eimasse für einige Sekunden weiter.

4 Nun geben Sie die zerlassene Butter zunächst tröpfchenweise und dann in einem dünnen Strahl unter ständigem Rühren dazu. Es soll eine glänzende, cremige Soße entstehen. Schmecken Sie die Soße mit dem Zitronensaft, dem Pfeffer und dem Salz ab.

5 Zum Servieren geben Sie die Soße in eine flache Schale und richten den Porree darauf an. Streuen Sie zum Garnieren die Petersilie darüber.

STAMPFKARTOFFELN MIT SCHINKEN

2 Port. 30 Min. Einfach

Zutaten

500 g Kartoffeln
250 g Schinken, gewürfelt
250 ml Buttermilch
30 g Butter
1 Endiviensalat
1 Zwiebel
Salzwasser für die Kartoffeln
Salz nach Belieben

Nährwerte p. P.

489 kcal
42 g Kohlenhydrate
18 g Fett
38 g Eiweiß

1 Spülen Sie den Endiviensalat ab und schneiden Sie ihn in dünne Streifen. Schälen Sie die Kartoffeln und garen Sie sie in Salzwasser.

2 Geben Sie die gekochten Kartoffeln in eine Schüssel und zerstampfen Sie sie mit einem Kartoffelstampfer. Geben Sie dabei nach und nach die Buttermilch hinzu.

3 Pellen Sie die Zwiebel und schneiden Sie sie in kleine Würfel. Erhitzen Sie die Butter in einer Pfanne und braten Sie die Zwiebeln und die Schinkenwürfel darin an. Anschließend vermischen Sie beides im Kartoffelbrei. Schmecken Sie den Brei mit Salz ab.

4 Kurz vor dem Servieren heben Sie vorsichtig den Endiviensalat unter den Kartoffelbrei.

GEKLOVEN NONNEN |

GEFÜLLTE EIER

4 Port.

30 Min.

Einfach

Zutaten

4 Eier, hart gekocht
½ Apfel, gerieben
1 TL Salbei, getrocknet
1 EL Apfelessig
1 EL Öl zum Braten
½ TL Zimt
¼ TL Safranfäden
½ TL Ingwerpulver
1 ½ TL Petersilie, gehackt
Pfeffer nach Belieben
Salz nach Belieben
1 TL Zucker zum Mischen
1 TL Zimt zum Mischen

Nährwerte p. P.

115 kcal
6 g Kohlenhydrate
8 g Fett
5 g Eiweiß

1 Pellen Sie die Eier und halbieren Sie sie in der Länge. Entnehmen Sie das Eigelb und geben Sie es in eine Schüssel.

2 Vermischen Sie das Eigelb mit dem geriebenen Apfel, dem Salbei, dem Ingwerpulver, dem Zimt, der Petersilie sowie dem Pfeffer und dem Salz.

3 Erhitzen Sie den Essig in einem kleinen Topf und vermischen Sie die Safranfäden darin. Anschließend verrühren Sie die Essigmischung in der Eigelbmischung.

4 Verteilen Sie die entstandene Füllung in den Eierhälften. Erhitzen Sie das Öl in einer Pfanne und braten Sie die Eier zunächst mit der Füllung nach unten zeigend. Wenden Sie nach 1 Minute auf die andere Seite.

5 Vermischen Sie den Zucker und den Zimt miteinander und streuen Sie den Zimtzucker zum Servieren über die Eier.

POMMES SPEZIAL

2 Port.

30 Min.

Einfach

Zutaten

500 g Kartoffeln
2 EL Speisestärke
4 EL Sonnenblumenöl
2 TL Paprikapulver, edelsüß
2 TL Salz
2 Zwiebeln
Mayonnaise nach Belieben
Curryketchup nach Belieben

Nährwerte p. P.

261 kcal
55 g Kohlenhydrate
3 g Fett
7 g Eiweiß

1 Heizen Sie den Backofen auf 200 °C mit Umluftfunktion vor. Schälen Sie die Kartoffeln und schneiden Sie sie längs in etwa 1 Zentimeter dicke Stifte. Spülen Sie sie in einem Sieb ab und lassen Sie sie gut abtropfen.

2 Vermischen Sie in einer Schüssel das Öl mit dem Salz, der Speisestärke und dem Paprikapulver. Geben Sie die Kartoffelstifte dazu und vermischen Sie sie sorgfältig in der Marinade.

3 Belegen Sie ein Blech mit Backpapier und verteilen Sie die Pommes darauf. Garen Sie sie für etwa 20 bis 25 Minuten auf der mittleren Schiene im Backofen. Nach etwa 15 Minuten wenden Sie die Pommes, damit sie gleichmäßig Farbe annehmen können.

4 In der Zwischenzeit pellen Sie die Zwiebeln und schneiden sie in kleine Würfel.

5 Zum Servieren verteilen Sie die Pommes auf geeignete Teller, geben die Mayonnaise und den Ketchup darüber und dekorieren sie nach Belieben mit den Zwiebeln.

Fingerfood & Snacks

SCHOKKER MOPPEN | KEKSE AUS DER PROVINZ FLEVOLAND

26 Stk.

120 Min.

Leicht

Zutaten

250 g Mehl, Type 405
250 g Roggenvollkornmehl
300 g Butter, kalt
180 g Zucker, braun
2 TL Backpulver
1 TL Spekulatiusgewürz
3 EL Zucker
1 Ei
1 Prise Salz

Nährwerte p. Stk.

137 kcal
16 g Kohlenhydrate
7 g Fett
2 g Eiweiß

1 Geben Sie beide Mehlsorten, den braunen Zucker, das Backpulver, das Spekulatiusgewürz und das Salz in eine Rührschüssel und vermischen Sie alles miteinander. Zerteilen Sie die Butter in kleine Stücke und mischen Sie sie unter die Mehlmischung. Verquirlen Sie das Ei und geben Sie es in die Schüssel. Verkneten Sie alle Zutaten zu einem Teig.

2 Nehmen Sie den Teig heraus und kneten Sie ihn noch einmal gründlich auf einer geraden Fläche durch. Teilen Sie ihn in zwei Hälften und formen Sie daraus zwei Rollen mit einem Durchmesser von etwa 4 Zentimetern. Füllen Sie den weißen Zucker in eine flache Schüssel und wälzen Sie die Teigrollen, bis sie von allen Seiten mit dem Zucker bedeckt sind. Wickeln Sie die Teigrollen in Frischhaltefolie ein und legen Sie sie für 1 Stunde in den Kühlschrank.

3 Heizen Sie den Backofen auf 175 °C mit Ober- und Unterhitze vor und belegen Sie ein Blech mit Backpapier. Schneiden Sie die Teigrollen in etwa 1 Zentimeter breite Scheiben und verteilen Sie sie auf dem Blech.

4 Backen Sie die Kekse für etwa 20 Minuten auf der mittleren Schiene. Nach dem Backen stellen Sie sie zum Abkühlen beiseite. Anschließend können Sie die Kekse zur Aufbewahrung in eine gut verschließbare Dose geben.

POFFERTJES |

KLEINE PFANNKUCHEN

4 Port.

90 Min.

Leicht

Zutaten

400 ml Milch
500 g Mehl
100 g Butter
40 g Puderzucker
4 Eier
1 Hefewürfel
1 Prise Zucker
1 Prise Salz
Butter für die Pfanne

Nährwerte p. P.

798 kcal
105 g Kohlenhydrate
31 g Fett
22 g Eiweiß

1 Füllen Sie die Milch in einen Topf und erwärmen Sie sie bei niedriger Temperatur. Bröseln Sie die Hefe hinein und verrühren Sie sie so lange, bis sie sich aufgelöst hat.

2 Geben Sie das Mehl in eine Rührschüssel und schlagen Sie die Eier hinein. Fügen Sie die Hefemilch dazu und vermischen Sie alles zu einem glatten Teig. Würzen Sie den Teig mit etwas Zucker und Salz. Decken Sie die Schüssel ab und stellen Sie sie für 45 Minuten zur Seite.

3 Es gibt für die Poffertjes eine spezielle Pfanne. Wenn Sie diese nicht besitzen, können Sie eine herkömmliche Pfanne verwenden, die Form der Poffertjes ist dann etwas anders.

4 Erhitzen Sie die Pfanne mit etwas Butter. Geben Sie in jede Vertiefung etwas Teig und backen Sie ihn aus, bis er Blasen schlägt. Dann wenden Sie ihn auf die andere Seite. Mit einer herkömmlichen Pfanne verfahren Sie ebenso.

5 Nebenbei zerlassen Sie die Butter in einem Topf und füllen den Puderzucker in eine kleine Schüssel. Stellen Sie beides neben den Poffertjes zur Selbstbedienung auf den Tisch.

BITTERBALLEN |

PANIERTE FLEISCHKROKETTEN

3 Port.

60 Min.

Leicht

Zutaten

100 g Rindfleisch, gegart
100 g Kalbfleisch, gegart
200 ml Brühe
35 g Mehl
35 g Butter
1 Ei
1 Lorbeerblatt
1 Möhre
3 Blätter Gelatine
4 Pfefferkörner
1 Prise Thymian, getrocknet
1 Prise Petersilie, getrocknet
Zitronensaft nach Belieben
Pfeffer nach Belieben
Paniermehl zum Wälzen
Öl zum Frittieren

Nährwerte p. P.

412 kcal
38 g Kohlenhydrate
18 g Fett
23 g Eiweiß

1 Schälen Sie die Möhre und reiben Sie sie in eine Schüssel. Vermischen Sie sie mit dem Thymian, der Petersilie, den Pfefferkörnern und dem Lorbeerblatt. Decken Sie die Schüssel ab und stellen Sie sie für 30 Minuten beiseite. Weichen Sie die Gelatine für 10 Minuten ein. Schneiden Sie beide Fleischsorten in ganz kleine Stücke.

2 Erhitzen Sie die Butter in einem Topf und verrühren Sie das Mehl darin. Gießen Sie die Brühe auf und köcheln Sie alles bei niedriger Temperatur unter ständigem Rühren, bis sich eine sämige Soße gebildet hat. Nun vermischen Sie die ausgedrückte Gelatine in der Soße.

3 Geben Sie das Fleisch dazu und vermischen Sie alles miteinander. Würzen Sie nach Belieben mit Pfeffer und schmecken Sie mit Zitronensaft ab.

4 Verteilen Sie die Mischung auf einer festen Unterlage und lassen Sie sie abkühlen. Anschließend teilen Sie den Teig in 8 gleich große Teile und diese wiederum in Drittel. Formen Sie aus jedem Stück Teig kleine Bällchen und wälzen Sie sie in Paniermehl. Verquirlen Sie das Ei und wälzen Sie die Fleischbällchen darin. Anschließend wälzen Sie sie nochmals in Paniermehl.

5 Erhitzen Sie eine ausreichende Menge Öl in einem großen Topf und frittieren Sie die Fleischbällchen für etwa 4 Minuten, bis sie eine goldbraune Farbe angenommen haben.

OLIEBOL |

TRADITIONELLES SIEDEGEBÄCK

4 Port.

120 Min.

Leicht

Zutaten

300 g Mehl
150 ml Milch
100 g Rosinen
35 g Zucker
21 g Hefe, frisch
30 g Butter, weich
1 Ei
½ Apfel
1 Prise Salz
30 g Puderzucker zum Bestäuben
Öl zum Frittieren

Nährwerte p. P.

518 kcal
93 g Kohlenhydrate
10 g Fett
13 g Eiweiß

1 Gießen Sie die Milch in einen Topf und verrühren Sie den Zucker darin. Erwärmen Sie die Milch bei niedriger Temperatur und bröckeln Sie dann die Hefe hinein. Rühren Sie die Milch so lange, bis sich die Hefe und der Zucker aufgelöst haben. Schlagen Sie das Ei in eine Schüssel und vermischen Sie die Butter darin. Schlagen Sie die Masse mit einem Handrührgerät schaumig auf.

2 Sieben Sie das Mehl in eine Rührschüssel und vermischen Sie es mit dem Salz. Formen Sie in der Mitte eine Vertiefung und gießen Sie die Hefemilch dorthinein. Geben Sie die Ei-Butter-Mischung hinzu und verkneten Sie alle Zutaten zu einem geschmeidigen Teig.

3 Schälen und entkernen Sie den Apfel und schneiden Sie ihn in kleine Stücke. Vermischen Sie den Apfel und die Rosinen im Teig. Decken Sie die Schüssel ab und stellen Sie sie für 60 Minuten an einen warmen Ort. Erhitzen Sie das Öl in einem Topf auf etwa 170 °C. Sie können alternativ auch eine Fritteuse verwenden. Entnehmen Sie mit 2 Esslöffeln oder einem Eisportionierer kleine Portionen des Teiges und geben Sie sie vorsichtig in das heiße Öl. Frittieren Sie die Teigbällchen für etwa 5 Minuten, bis sie eine goldbraune Farbe angenommen haben. Zwischendurch wenden Sie die Bällchen einmal.

4 Holen Sie die Oliebollen mit einer Schaumkelle heraus und entfetten Sie sie auf einem Stück Küchenpapier. Anschließend bestäuben Sie sie mit dem Puderzucker.

PANNENKOEKEN MET APPEL EN SPEK |

APFEL-SPECK-PFANNKUCHEN

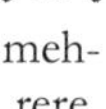
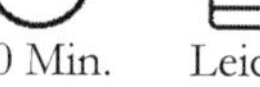

mehrere | 60 Min. | Leicht

Zutaten

500 ml Milch
125 g Buchweizenmehl
125 g Mehl
10 Scheiben Bacon
2 Äpfel
2 Eier
1 TL Zucker
1 Prise Salz
Öl zum Braten
Zuckerrübensirup nach Belieben

Nährwerte p. 100g

151 kcal
22 g Kohlenhydrate
5 g Fett
5 g Eiweiß

1 Schälen Sie die Äpfel, entfernen Sie das Kerngehäuse und schneiden Sie sie in halbe Scheiben. Schneiden Sie den Speck in mundgerechte Stücke. Trennen Sie die Eier und geben Sie das Eigelb in eine Rührschüssel. Vermischen Sie es mit der Milch, dem Mehl, dem Zucker und dem Salz zu einem Teig und stellen Sie ihn beiseite.

2 Erhitzen Sie eine Pfanne ohne Fettzugabe und rösten Sie den Speck darin an. Geben Sie die Apfelscheiben dazu und bräunen Sie sie für kurze Zeit mit an. Nehmen Sie beides aus der Pfanne und stellen Sie es zur weiteren Verwendung beiseite.

3 Geben Sie das Eiweiß in eine Schüssel und schlagen Sie es mit einem Handrührgerät zu einem steifen Schnee. Anschließend heben Sie es vorsichtig unter den Teig.

4 Erhitzen Sie etwas Öl in einer Pfanne und geben Sie einige Speck- und Apfelstücke hinein. Verteilen Sie 2 Kellen Teig darüber und fügen Sie noch ein paar Speck- und Apfelstücke bei. Legen Sie einen Deckel auf und backen Sie den Pfannkuchen aus. Bewegen Sie dabei die Pfanne etwas hin und her, damit der Pfannkuchen nicht haften bleibt. Wenden Sie ihn und backen Sie ihn von der anderen Seite ebenso aus.

5 Verfahren Sie weiter, bis der Teig aufgebraucht ist. Zum Servieren träufeln Sie nach Belieben den Zuckerrübensirup auf die Pfannkuchen.

STROOPWAFELN |

SIRUPWAFFELN

 4 Port.
 45 Min.
 Leicht

Zutaten

200 g Mehl
75 g Honig
35 g Butter
100 g Rohrzucker
90 g Butter, weich
1 Ei
½ TL Zimt
1 Prise Salz
Fett für das Waffeleisen

Nährwerte p. P.

Nährwerte p. P.:
579 kcal
76 g Kohlenhydrate
28 g Fett
6 g Eiweiß

1 Geben Sie den Zucker, die weiche Butter und das Salz in eine Rührschüssel und verarbeiten Sie alles mit einem Handrührgerät zu einer schaumigen Masse. Schlagen Sie das Ei hinein und vermischen Sie es mit den Zutaten.

2 Nun fügen Sie nach und nach das Mehl und den Zimt hinzu. Verkneten Sie alles mit den Händen zu einem glatten Teig. Formen Sie daraus etwa 28 kleine Kugeln.

3 Füllen Sie den Honig in einen Topf und geben Sie die kleine Menge Butter dazu. Erwärmen Sie beides unter Rühren. Stellen Sie anschließend den Topf zur weiteren Verwendung beiseite.

4 Heizen Sie ein Waffeleisen auf und bestreichen Sie die Backflächen mit Fett. Legen Sie eine Teigkugel auf das Waffeleisen, schließen Sie es und backen Sie den Teig für etwa 30 bis 60 Sekunden. Nehmen Sie die Waffel heraus und fahren Sie mit den übrigen Teigkugeln fort.

5 Geben Sie auf die noch warmen Waffeln 1 Teelöffel der Füllung und setzen Sie jeweils zwei Waffeln zusammen. Stellen Sie sie zum Abkühlen beiseite.

UITSMIJTER |

SPIEGELEI AUF BROT

1 Port. 20 Min. Leicht

Zutaten

1 Scheibe Brot nach Belieben
1 Scheibe Gouda, mittelalt
1 Ei
2 Scheiben Schinken, roh
Butter zum Bestreichen
Pfeffer nach Belieben
Salz nach Belieben

Nährwerte p. P.

355 kcal
17 g Kohlenhydrate
17 g Fett
33 g Eiweiß

1 Streichen Sie die Butter auf die Brotscheibe. Erhitzen Sie eine Pfanne und braten Sie zunächst den Schinken von beiden Seiten an. Legen Sie den Schinken auf das Brot und schlagen Sie das Ei in die Pfanne. Würzen Sie es nach Belieben mit Pfeffer und Salz.

2 Legen Sie nun die Käsescheibe auf das Ei. Der Käse soll ein wenig verlaufen. Anschließend nehmen Sie das Ei samt Käse mit einem Pfannenwender heraus und legen es auf den Schinken.

3 Füllen Sie den Honig in einen Topf und geben Sie die kleine Menge Butter dazu. Erwärmen Sie beides unter Rühren. Stellen Sie anschließend den Topf zur weiteren Verwendung beiseite.

4 Heizen Sie ein Waffeleisen auf und bestreichen Sie die Backflächen mit Fett. Legen Sie eine Teigkugel auf das Waffeleisen, schließen Sie es und backen Sie den Teig für etwa 30 bis 60 Sekunden. Nehmen Sie die Waffel heraus und fahren Sie mit den übrigen Teigkugeln fort.

5 Geben Sie auf die noch warmen Waffeln 1 Teelöffel der Füllung und setzen Sie jeweils zwei Waffeln zusammen. Stellen Sie sie zum Abkühlen beiseite.

KÄSEKROKETTEN

3 Port.

60 Min.

Leicht

Zutaten

120 g Mehl
150 g Gouda, gerieben, mittelalt
50 g Butter
200 ml Milch
1 Ei
2 EL Paniermehl
Muskatnuss nach Belieben
Pfeffer nach Belieben
Salz nach Belieben

Nährwerte p. P.

542 kcal
38 g Kohlenhydrate
34 g Fett
22 g Eiweiß

1 Geben Sie die Butter in einen Topf und erhitzen Sie sie bei mittlerer Temperatur. Verrühren Sie 100 g vom Mehl mit der Butter und geben Sie nach und nach die Milch dazu. Fügen Sie den Käse bei und lassen Sie ihn unter ständigem Rühren schmelzen. Würzen Sie die Soße nach Belieben mit Muskatnuss, Pfeffer und Salz.

2 Gießen Sie den Teig zum Abkühlen auf einen flachen Teller. Geben Sie das übrige Mehl in eine Schüssel. Schlagen Sie das Ei in eine weitere Schüssel und verquirlen Sie es. Das Paniermehl füllen Sie in eine dritte Schüssel.

3 Heizen Sie eine Fritteuse auf 175 °C vor. Formen Sie aus dem Teig 12 Kroketten. Wenden Sie sie zunächst im Mehl, dann im Ei und zuletzt im Paniermehl.

4 Frittieren Sie die Käsekroketten portionsweise in 3 bis 4 Minuten, bis sie eine goldbraune Farbe angenommen haben.

HOLLÄNDISCHE MAKRONEN

15 Port. 60 Min. Leicht

Zutaten

225 g Kristallzucker
225 g Kuvertüre
175 g Mandeln, gemahlen
5 Backoblaten, 12 x 20 mm groß
2 Eiweiße

Nährwerte p. P.

216 kcal
25 g Kohlenhydrate
11 g Fett
4 g Eiweiß

1 Geben Sie das Eiweiß in eine Schüssel und schlagen Sie es zu einem steifen Schnee. Verrühren Sie den Zucker darin und heben Sie vorsichtig die Mandeln unter die Mischung. Füllen Sie den Teig in einen Spritzbeutel und bestücken Sie ihn mit einer großen Tülle.

2 Belegen Sie ein Blech mit Backpapier und verteilen Sie die Oblaten darauf. Heizen Sie den Backofen auf 180 °C mit Umluftfunktion vor. Setzen Sie auf jede Oblate 3 Streifen mit einer Länge von etwa 7 Zentimetern. Belassen Sie einen großen Abstand zwischen den Teigstreifen, denn sie zerlaufen beim Backen.

3 Schieben Sie das Blech auf die mittlere Schiene des Backofens und backen Sie sie für etwa 25 Minuten, bis sie eine goldbraune Farbe angenommen haben. Stellen Sie die Makronen zum Abkühlen beiseite. Anschließend brechen Sie die Ränder der Oblaten ab.

4 In der Zwischenzeit schmelzen Sie die Kuvertüre. Tauchen Sie die Makronen mit der Unterseite in die flüssige Kuvertüre und legen sie zum Abtropfen auf ein Rost. Später verzieren Sie die Makronen mit der übrigen Kuvertüre, indem Sie Streifen auf die Oberseite der Gebäckstücke setzen.

HOPJESVLA | KAFFEE-PUDDING

4 Port.

45 Min.

Leicht

Zutaten

1 Liter Milch
100 ml Kaffee, kalt, stark aufgebrüht (alternativ Espresso)
120 g Zucker
40 g Speisestärke
1 Eigelb

Nährwerte p. P.

342 kcal
51 g Kohlenhydrate
12 g Fett
9 g Eiweiß

1 Geben Sie den Zucker in einen Topf und erhitzen Sie ihn unter Rühren, bis er karamellisiert. Vermischen Sie die Speisestärke mit dem Eigelb und einem kleinen Teil der Milch.

2 Gießen Sie den Kaffee und die übrige Milch in den karamellisierten Zucker und vermischen Sie alles sorgfältig miteinander. Kochen Sie die Speise kurz auf und verrühren Sie dann die Stärkemischung darin. Köcheln Sie den Pudding, bis er sämig wird.

3 Füllen Sie den Pudding in eine Schüssel und decken Sie ein Stück Frischhaltefolie darüber. Die Folie verhindert, dass sich eine Haut auf der Oberfläche des Puddings bildet.

WENTELTEEFJE |

ARME RITTER

4 Port. 30 Min. Leicht

Zutaten

4 Scheiben Brot nach Wahl
200 ml Milch
1 Ei
1 Pck. Vanillezucker
1 Prise Zimt
Butter zum Braten
Zucker zum Bestreuen

Nährwerte p. P.

139 kcal
16 g Kohlenhydrate
6 g Fett
5 g Eiweiß

1 Gießen Sie die Milch auf einen Teller und vermischen Sie das Ei darin. Verrühren Sie den Zimt und den Vanillezucker in der Eiermilch.

2 Legen Sie die Brote nacheinander für wenige Sekunden hinein und wenden Sie es anschließend.

3 Erhitzen Sie die Butter in einer Pfanne und braten Sie die Brote von beiden Seiten, bis sie eine goldbraune Farbe angenommen haben.

4 Zum Servieren bestreuen Sie die Brote mit etwas Zucker.

Desserts & Kuchen

RIJSTEVLAAI |

REISKUCHEN AUS DER PROVINZ LIMBURG

6 Port.

90 Min.

Einfach

Zutaten

500 ml Milch
100 g Milchreis
60 g Zucker
50 g Butter
2 Eier
1 Pck. Vanillezucker
1 EL Vanillepuddingpulver
1 Prise Salz

Nährwerte p. P.

250 kcal
30 g Kohlenhydrate
12 g Fett
5 g Eiweiß

1 Gießen Sie die Milch in einen Topf und geben Sie den Milchreis und das Salz hinzu. Kochen Sie die Zutaten unter Rühren auf und reduzieren Sie dann die Temperatur auf die niedrigste Stufe. Köcheln Sie den Milchreis mit Deckel für etwa 1 Stunde. Rühren Sie zwischendurch um, damit nichts ansetzt.

2 Schlagen Sie 2 Eier in eine Schüssel und vermischen Sie sie mit dem Zucker und dem Puddingpulver. Verrühren Sie die Mischung sowie die Butter im Milchreis und stellen Sie den Topf zum Abkühlen beiseite.

KRENTENBRIJ |

ROSINENBREI AUS DER PROVINZ GRONINGEN

4 Port.

100 Min. + 1 Nacht Einweichzeit

Leicht

Zutaten

500 g Graupen, ungeschält
250 g Rosinen
250 g Korinthen
3 EL Farinzucker, braun
1 Schuss Essig
1 Prise Salz

Nährwerte p. P.

849 kcal
185 g Kohlenhydrate
3 g Fett
15 g Eiweiß

1 Geben Sie die Graupen in eine Schüssel und füllen Sie so viel Wasser hinein, bis sie bedeckt sind. Stellen Sie die Graupen zum Einweichen über Nacht beiseite.

2 Am Zubereitungstag gießen Sie die Graupen durch ein Sieb ab und spülen sie gründlich durch. Geben Sie sie in einen Topf und kochen Sie sie mit leicht gesalzenem Wasser bei mittlerer Temperatur für etwa 1 ½ Stunden.

3 In der Zwischenzeit spülen Sie die Rosinen ab. Nach 45 Minuten Kochzeit vermischen Sie die Rosinen und die Korinthen mit den Graupen im Topf. Geben Sie nun auch den Zucker und den Essig dazu.

4 Nach der Garzeit nehmen Sie den Topf von der Kochstelle und stellen ihn zum Abkühlen beiseite. Anschließend stellen Sie die Speise in den Kühlschrank.

STROOPWAFEL KOEK | KUCHEN AUS DER PROVINZ OVERIJSSEL

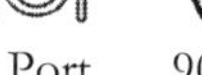

6 Port. 90 Min. Leicht

Zutaten

250 g Mehl
175 g Stroopwafel
1 Stroopwafel zum Garnieren
125 g Butter
75 g Zucker
75 g Kokosblütenzucker
½ Pck. Backpulver
3 Eier
4 EL Milch
2 TL Zimt
2 TL Saltet-Caramel-Gewürz zum Bestreuen, alternativ Kokosblütenzucker

Nährwerte p. P.

604 kcal
78 g Kohlenhydrate
28 g Fett
9 g Eiweiß

1 Heizen Sie den Backofen auf 180 °C mit Umluftfunktion vor und fetten Sie eine Kastenform ein.

2 Geben Sie beide Zuckersorten in eine Rührschüssel und fügen Sie die Butter dazu. Vermixen Sie die Zutaten mit einem Handrührgerät zu einer schaumigen Masse. Rühren Sie die Eier nach und nach hinein und mischen Sie anschließend das Mehl, das Backpulver, den Zimt und die Milch dazu.

3 Zerkleinern Sie die Waffeln in kleine Stücke und heben Sie sie vorsichtig unter den Teig. Füllen Sie den Teig in die Kastenform und streuen Sie das Saltet Caramel oder den Kokosblütenzucker darüber.

4 Backen Sie den Kuchen für etwa 50 bis 60 Minuten. Nach dem Abkühlen dekorieren Sie den Kuchen mit der Stroopwafel.

APPELTAART |

APFELKUCHEN

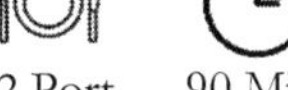

12 Port. 90 Min. Leicht

Zutaten

250 ml Milch
75 g Zucker
75 g Mehl
4 Äpfel
3 Eier
½ TL Spekulatiusgewürz
1 TL Zitronensaft
1 Handvoll Rosinen
Mandelaroma
Marmelade nach Wahl zum Bestreichen

Nährwerte p. 100g

170 kcal
35 g Kohlenhydrate
1 g Fett
4 g Eiweiß

1 Schälen und entkernen Sie die Äpfel und schneiden Sie sie in Spalten. Fetten Sie eine Auflaufform ein und verteilen Sie die Apfelspalten darin. Träufeln Sie den Zitronensaft darüber, damit sich die Äpfel nicht bräunlich verfärben. Spülen Sie die Rosinen ab und geben Sie sie über die Äpfel. Heizen Sie den Backofen auf 200 °C mit Umluftfunktion vor.

2 Bereiten Sie den Teig zu, indem Sie das Mehl und den Zucker in einer Rührschüssel vermischen. Rühren Sie die Eier und die Milch dazu und verkneten Sie die Zutaten zu einem Teig. Würzen Sie ihn mit dem Spekulatiusgewürz und dem Mandelaroma. Gießen Sie den Teig über die Apfel-Rosinenmischung.

3 Backen Sie den Kuchen für etwa 50 Minuten im Backofen. Anschließend bestreichen Sie ihn mit der vorher erwärmten Marmelade.

APPEL FLAPPEN |

APFELTASCHEN

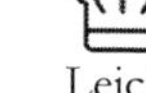

4 Port. | 30 Min. | Leicht

Zutaten

2 Stücke Blätterteig, TK
20 g Rosinen
4 EL Zucker
2 EL Sahne
1 Apfel

Nährwerte p. P.

171 kcal
27 g Kohlenhydrate
7 g Fett
1 g Eiweiß

1 Heizen Sie den Backofen auf 200 °C mit Umluftfunktion vor und belegen Sie ein Blech mit Backpapier. Bereiten Sie eine Arbeitsfläche mit Mehl vor.

2 Legen Sie die Blätterteigplatten zum Auftauen auf die bemehlte Arbeitsfläche. Währenddessen schälen Sie den Apfel und schneiden ihn in kleine Würfelchen. Vermischen Sie die Apfelstücke mit den Rosinen.

3 Halbieren Sie die Blätterteigplatten und rollen Sie sie mit einem Nudelholz leicht aus. Verteilen Sie die Rosinen-Apfel-Füllung auf den Teigstücken und falten Sie sie zu einem Dreieck zusammen. Bestreichen Sie die Teigstücke mit der Sahne und streuen Sie den Zucker darüber. Legen Sie die Apfeltaschen mit ausreichend Abstand zueinander auf das Backblech.

4 Backen Sie die Apfeltaschen auf der mittleren Schiene für etwa 20 Minuten. Servieren Sie sie, solange sie noch warm sind.

BITTERKOEKJESVLA |

MAKRONEN-CREME

2 Port. 45 Min. Leicht

Zutaten

250 ml Milch
7 Makronen (Bitterkoekjes)
2 Eier
2 Eigelbe
Wasserbad

Nährwerte p. P.

452 kcal
30 g Kohlenhydrate
29 g Fett
17 g Eiweiß

1 Zerbröseln Sie die Makronen in kleine Stücke. Gießen Sie die Milch in einen Topf und vermischen Sie die Makronenbrösel darin. Kochen Sie die Zutaten einmal auf und nehmen Sie den Topf von der Kochstelle. Stellen Sie ihn zum Quellen kurz beiseite.

2 Währenddessen schlagen Sie die Eier in eine Schüssel und geben die Eigelbe hinzu. Schlagen Sie sie mit einem Handrührgerät zu einer schaumigen Masse.

3 Füllen Sie nun langsam nach und nach und unter ständigem Rühren die heiße Milch in die Eiermasse. Dies muss sehr langsam geschehen, da das Ei sonst stocken würde.

4 Bereiten Sie ein heißes Wasserbad vor und stellen Sie eine hitzebeständige Schüssel hinein, sobald das Wasser kocht. Nun füllen Sie langsam unter Rühren die Makronenmischung hinein. Rühren Sie den Brei so lange im heißen Wasserbad, bis eine puddingartige Konsistenz entsteht. Dies kann bis zu 15 Minuten dauern.

TOMPOES |

PUDDING-SCHNITTEN

6 Port. 90 Min. Leicht

Zutaten

2 Scheiben Blätterteig, TK
1 Eiweiß
125 g Puderzucker
Lebensmittelfarbe, orange
250 ml Milch
50 g Zucker
20 g Mehl
3 Eigelbe
½ Vanilleschote
1 Prise Salz

Nährwerte p. P.

320 kcal
46 g Kohlenhydrate
13 g Fett
5 g Eiweiß

1 Heizen Sie den Backofen auf 200 °C mit Umluftfunktion vor. Legen Sie den Blätterteig zum Auftauen auf einen Teller.

2 Schneiden Sie den Blätterteig in etwa 5 x 5 Zentimeter große Teile und legen Sie sie nebeneinander in eine ofenfeste Form. Stechen Sie mehrmals mit einer Gabel hinein und backen Sie ihn auf der mittleren Schiene, bis er eine goldgelbe Farbe angenommen hat.

3 In der Zwischenzeit bereiten Sie die Puddingfüllung zu. Gießen Sie die Milch in einen Topf und kochen Sie sie bei mäßiger Temperatur auf. Kratzen Sie das Mark aus der Vanilleschote in eine Schüssel und vermischen Sie die Eigelbe, das Mehl, den Zucker und das Salz darin.

4 Wenn die Milch zu kochen beginnt, nehmen Sie den Topf von der Kochstelle und verrühren die Eimischung in der Milch. Rühren Sie so lange weiter, bis eine cremige Masse entsteht. Decken Sie ein Stück Frischhaltefolie über den Topf und stellen Sie ihn zum Abkühlen beiseite.

5 Währenddessen vermischen Sie den Puderzucker mit dem Eiweiß und etwas Lebensmittelfarbe in Orange.

6 Verteilen Sie die Creme auf 6 Blätterteigstücken und legen Sie ein zweites obenauf. Bestreichen Sie die Oberflächen mit der orangefarbenen Glasur und stellen Sie die Kuchenstücke für 1 Stunde in den Kühlschrank.

LIMBURGSE VLAAI |

KUCHEN AUS DER PROVINZ LIMBURG

6 Port.

90 Min.

Leicht

Zutaten

250 g Mehl
100 ml Milch
50 g Butter, weich
1 Pck. Trockenhefe
2 EL Zucker
Abgeriebene Zitronenschale
1 Prise Salz

Nährwerte p. P.

320 kcal
46 g Kohlenhydrate
13 g Fett
5 g Eiweiß

1 Geben Sie das Mehl in eine Rührschüssel und vermischen Sie den Zucker, die Hefe, die fein geriebene Zitronenschale und das Salz darin. Geben Sie die Butter dazu und verkneten Sie sie mit einem Handrührgerät. Anschließend fügen Sie nach und nach die Milch bei. Verkneten Sie alle Zutaten zu einem glatten Teig.

2 Fetten Sie eine flache Kuchenform ein und bereiten Sie eine Arbeitsfläche mit Mehl vor. Rollen Sie den Teig aus und legen Sie ihn dann in die Kuchenform. Ziehen Sie die Ränder etwas nach oben.

3 Befüllen Sie den Kuchen mit Obst Ihrer Wahl. Sie können es vorher mit Zucker und Speisestärke aufkochen und als Brei über den Teig geben. In der Regel werden in den Niederlanden Pflaumen, Stachelbeeren, Kirschen, Äpfel oder Aprikosen verwendet.

4 Sie können den Kuchen auch mit Rijstevlaai befüllen. Das Rezept finden Sie in diesem Kochbuch.

5 Nach Belieben bedecken Sie die Obstschicht jetzt mit Streuseln oder stellen aus einem Teil des Teiges ein Raster her. Dazu rollen Sie kleine Stücke Teig zu einer langen Schlange auf und legen es rasterförmig auf die Oberfläche.

6 Heizen Sie den Backofen auf 200 °C mit Umluftfunktion vor und backen Sie den Kuchen für etwa 30 bis 40 Minuten.

GRAUPENCRUMBLE MIT ÄPFELN

6 Port. 90 Min. Leicht

Zutaten

Streuselteig (Crumble):
100 g Puderzucker
100 g Mehl
100 g Butter, weich
100 g Mandeln, gemahlen
1 TL Zimt
1 Prise Salz

Graupen:
150 ml Sahne
250 ml Milch
100 g Graupen
50 g Puderzucker
5 Äpfel, süß, für das Kompott
1 Vanilleschote

Nährwerte p. P.

570 kcal
57 g Kohlenhydrate
33 g Fett
9 g Eiweiß

1 Heizen Sie den Backofen auf 180 °C mit Umluftfunktion vor. Geben Sie alle Zutaten für den Teig in eine Rührschüssel und vermischen Sie sie mit den Händen zu Streuseln. Der Teig soll krümelig bleiben. Stellen Sie die Schüssel für 15 Minuten in den Kühlschrank.

2 Belegen Sie ein Blech mit Backpapier und verteilen Sie die Teigstreusel darauf. Backen Sie sie, bis sie eine bräunliche Farbe angenommen haben.

3 In der Zwischenzeit gießen Sie die Milch und die Sahne in einen Topf und vermischen den Puderzucker darin. Erhitzen Sie die Mischung bei mittlerer Temperatur.

4 Geben Sie die Graupen in ein Sieb und spülen Sie sie gründlich ab. Kurz bevor die Milch zu kochen beginnt, mischen Sie die Graupen und das Mark der Vanilleschote hinein. Reduzieren Sie die Temperatur auf die niedrigste Stufe und köcheln Sie die Zutaten für etwa 45 Minuten. Rühren Sie dabei immer wieder um, damit nichts ansetzt.

5 Währenddessen schälen Sie die Äpfel und entfernen das Kerngehäuse. Schneiden Sie sie in kleine Stücke und geben Sie sie in einen Topf. Kochen Sie die Apfelstücke für etwa 5 Minuten.

6 Zum Servieren verteilen Sie die Graupen in geeignete Schüsseln, geben das Apfelkompott sowie die Streusel darüber.

Soßen, Aufstriche, Cremes & Dips

ERDNUSS-SOßE

1 Port. 10 Min. Leicht

Zutaten

5 EL Erdnussmus
5 EL Wasser
1 EL Tomatenmark
2 TL Sojasoße
1 TL Ahornsirup
½ TL Koriander, gemahlen
3 Spritzer Tabasco
1 Prise Pfeffer

Nährwerte p. P.

74 kcal
9 g Kohlenhydrate
3 g Fett
2 g Eiweiß

1 Geben Sie alle Zutaten in eine Schüssel und verarbeiten Sie sie zu einer glatten Soße. Sie soll am Ende eine orange Farbe angenommen haben.

2 Zum Servieren füllen Sie die Soße in eine Servierschale und stellen sie zur Selbstbedienung neben den Snacks auf den Tisch.

KIP KERRIE SALADE |

GEFLÜGELSALAT-BROTAUFSTRICH

6 Port. 40 Min. Leicht

Zutaten

750 ml Hühnerbrühe
400 g Hähnchenbrustfilet
1 Dose Ananas, 136 g Abtropfgewicht
3 EL Schnittlauch, in Röllchen geschnitten
2 EL Currypulver
4 EL griechischer Joghurt
3 EL Mayonnaise
1 TL Knoblauchpulver
1 ½ TL Kurkuma
Pfeffer nach Belieben
Salz nach Belieben

Nährwerte p. P.

284 kcal
17 g Kohlenhydrate
13 g Fett
26 g Eiweiß

1 Gießen Sie die Brühe in einen Topf und legen Sie das Fleisch hinein. Kochen Sie es für etwa 5 Minuten ohne Deckel. Reduzieren Sie die Temperatur auf die niedrigste Stufe und legen Sie einen Deckel auf. Köcheln Sie das Fleisch für etwa 20 Minuten.

2 Währenddessen geben Sie die Mayonnaise und den Joghurt in eine Schüssel und vermischen beides miteinander. Würzen Sie mit Kurkuma, Knoblauchpulver sowie Currypulver und mischen Sie die Schnittlauchröllchen dazu. Geben Sie die Ananas zum Abtropfen in ein Sieb und anschließend zur Marinade.

3 Nehmen Sie das Fleisch aus dem Topf und rupfen Sie es mithilfe zweier Gabeln in kleine Stücke. Vermischen Sie die Fleischstücke in der Currymayonnaise und schmecken Sie den entstandenen Salat mit Pfeffer und Salz ab.

4 Zum Servieren können Sie Brot oder Brötchen nach Belieben dazureichen.

JOPPIE-SOẞE |

NIEDERLÄNDISCHE POMMESSOẞE

10 Port.

10 Min.

Leicht

Zutaten

240 g Mayonnaise
4 EL Essig
1 EL Ketchup
6 TL Zucker
4 TL Currypulver
1 TL Dijon-Senf
1 TL Paprikapulver, edelsüß
1 Gewürzgurke
1 Zwiebel
Pfeffer nach Belieben
Salz nach Belieben

Nährwerte p. P.

172 kcal
2 g Kohlenhydrate
18 g Fett
1 g Eiweiß

1 Pellen Sie die Zwiebel und hacken Sie sie in feine Stücke.

2 Schneiden Sie ebenso die Gurke in möglichst kleine Stücke.

3 Geben Sie beides in eine Schüssel und vermischen Sie es mit den übrigen Zutaten.

FRIETSAUS |

NIEDERLÄNDISCHE SOßE

3 Port. 10 Min. Leicht

Zutaten

125 ml Sonnenblumenöl
½ TL Senf
1 TL Zucker
1 EL Rotweinessig
1 EL Wasser
1 EL Petersilie, gehackt
1 Eigelb
2 Prisen Salz

Nährwerte p. P.

374 kcal
2 g Kohlenhydrate
40 g Fett
2 g Eiweiß

1 Füllen Sie den Essig, das Wasser, den Senf und das Eigelb in eine Schüssel und vermixen Sie die Zutaten mit einem Handrührgerät.

2 Geben Sie nach und nach unter Rühren das Öl hinzu. Schmecken Sie die Soße mit dem Salz und dem Zucker ab und vermischen Sie die Petersilie.

DEN HELDER MATJESTATAR

4 Port.

60 Min.

Leicht

Zutaten

4 Matjesfilets
100 g Nordseekrabbenfleisch
2 Stangen Sellerie
2 Eier
4 Kirschtomaten
150 g Birne
75 g Mayonnaise
75 g Schnittkäse mit Kräutern
1 EL Zitronensaft
1 EL Senf
1 EL Öl
Cayennepfeffer nach Belieben
Ingwerpulver nach Belieben
Salz nach Belieben

Nährwerte p. P.

680 kcal
40 g Kohlenhydrate
40 g Fett
34 g Eiweiß

1 Kochen Sie die Eier, bis sie hart sind. Anschließend entfernen Sie die Schale und schneiden 1 Ei in Würfel, das andere in Scheiben. Säubern Sie den Sellerie und schneiden Sie ihn in Würfel. Schälen Sie die Birne, entfernen Sie das Kerngehäuse und schneiden Sie sie in Würfel. Schneiden Sie die Matjes und den Käse ebenso in Würfel. Halbieren Sie die Kirschtomaten.

2 Vermischen Sie den Senf und die Mayonnaise in einer Schüssel und würzen Sie die Mischung nach Belieben mit dem Cayennepfeffer, dem Ingwer und dem Salz. Verrühren Sie den Zitronensaft darin.

3 Geben Sie nun die Matjesstücke und das Krabbenfleisch in das Dressing. Fügen Sie die Käsewürfel, die Birnenwürfel und die Selleriewürfel bei und vermengen Sie alles miteinander.

4 Füllen Sie das Tatar in eine Schüssel und garnieren Sie es mit den Eierscheiben und den halben Kirschtomaten.

HOLLÄNDISCHER KÄSEAUFSTRICH

2 Port.

30 Min.

Leicht

Zutaten

200 g Frischkäse oder Quark
100 g Gouda, gerieben
3 Knoblauchzehen
2 Möhren
Mayonnaise nach Belieben
Pfeffer nach Belieben
Salz nach Belieben

Nährwerte p. P.

324 kcal
12 g Kohlenhydrate
18 g Fett
27 g Eiweiß

1 Schälen Sie die Möhren und reiben Sie sie in eine Schüssel. Pellen Sie den Knoblauch und pressen Sie ihn zu den Möhren. Vermischen Sie beides miteinander. Verrühren Sie nun den Frischkäse/Quark und den Gouda mit den Zutaten.

2 Geben Sie nach Belieben Mayonnaise dazu und schmecken Sie den Aufstrich mit Salz und Pfeffer ab. Stellen Sie ihn zum Ziehen in den Kühlschrank.

ALGENBUTTER (SPEZIALITÄT AUS DER PROVINZ FRIESLAND)

6 Port. 15 Min. Leicht

Zutaten

250 g Butter
½ Zitrone, die geriebene Schale davon
25 g Seealgen
Pfeffer, weiß, nach Belieben

Nährwerte p. P.

329 kcal
5 g Kohlenhydrate
34 g Fett
1 g Eiweiß

1 Spülen Sie die Algen gründlich ab und blanchieren Sie sie. Geben Sie die Algen mit den anderen Zutaten in einen Multizerkleinerer und vermixen Sie alles zu einer feinen Masse.

2 Formen Sie aus der Masse eine Rolle und wickeln Sie sie in Frischhaltefolie ein. Legen Sie sie für einige Zeit in den Kühlschrank.

3 Zum Servieren schneiden Sie die Algenbutter in Scheiben und legen sie kurz in Eiswasser.

Getränke

HOLLÄNDISCHER KAFFEE MIT EIERLIKÖR

4 Port.

15 Min.

Leicht

Zutaten

400 ml Kaffee, frisch gekocht
100 ml Sahne
80 ml Eierlikör
1 EL Vanillezucker
Kakaopulver zum Bestreuen

Nährwerte p. P.

172 kcal
13 g Kohlenhydrate
10 g Fett
3 g Eiweiß

1 Füllen Sie die Sahne in eine Rührschüssel und geben Sie den Vanillezucker dazu. Schlagen Sie die Sahne zu einer steifen Masse. Füllen Sie sie zur weiteren Verwendung in einen Spritzbeutel.

2 Verteilen Sie den Kaffee in 4 Tassen und geben Sie jeweils 20 ml Eierlikör dazu.

3 Geben Sie mit dem Spritzbeutel einen Klecks Sahne auf den Kaffee und streuen Sie etwas Kakaopulver darüber.

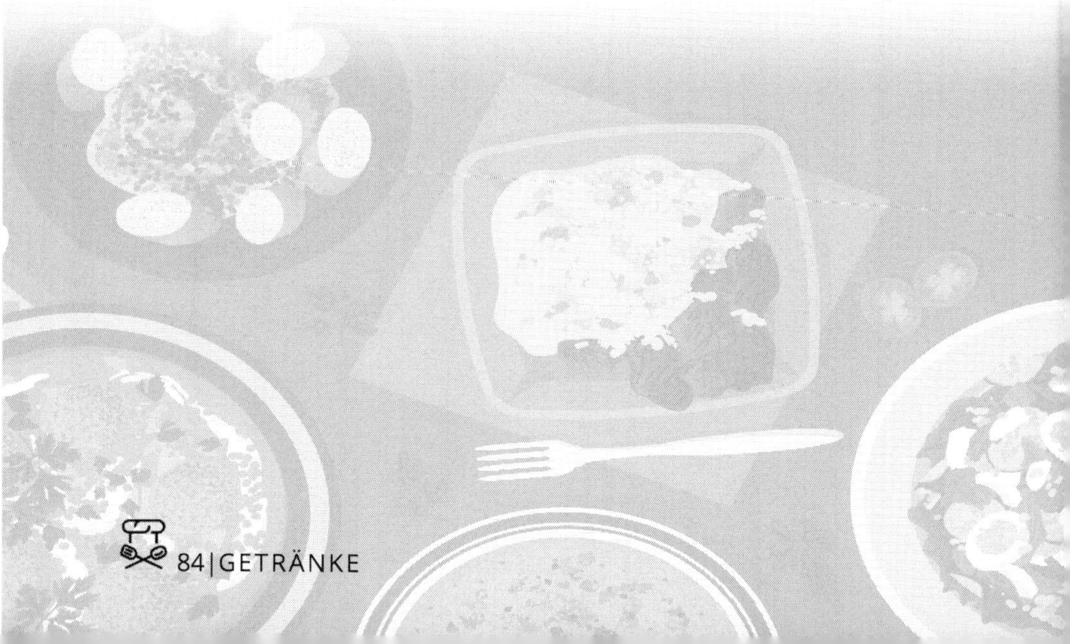

FLODDERS (GETRÄNK AUS DER PROVINZ ZEELAND)

8 Port.

30 Min. + 2 Tage Einweichzeit

Leicht

Zutaten

1 Liter Weinbrand nach Wahl
500 g Aprikosen, getrocknet
200 g Zucker
½ Vanillestange

Nährwerte p. P.

425 kcal
32 g Kohlenhydrate
0 g Fett
1 g Eiweiß

1 Spülen Sie die Aprikosen ab und geben Sie sie in einen Topf. Erhitzen Sie in einem Wasserkocher so viel Wasser, dass Sie die Aprikosen damit bedecken können. Legen Sie einen Deckel auf und stellen Sie den Topf für 48 Stunden zum Einweichen beiseite.

2 Füllen die die Aprikosen mit dem Wasser in eine geeignete Flasche, die sich verschließen lässt. Gießen Sie den Weinbrand hinein und fügen Sie den Zucker und die Vanillestange bei. Verschließen Sie die Flasche und stellen Sie sie für mindestens 2 Monate an einen dunklen, kühlen Ort.

3 Zwischendurch rühren Sie die Zutaten um, damit sich alles gut vermischen und durchziehen kann.

BOERENJONGENS |

ROSINEN IN WEINBRAND

6 Port.

30 Min. + 24 Std. Ziehzeit

Leicht

Zutaten

750 ml Weinbrand (z. B. Asbach Uralt)
250 ml Wasser
250 g Zucker
500 g Rosinen
1 Vanilleschote
1 Zimtstange

Nährwerte p. P.

816 kcal
100 g Kohlenhydrate
1 g Fett
2 g Eiweiß

1 Geben Sie die Rosinen in ein Sieb und spülen Sie sie gründlich ab. Füllen Sie das Wasser in einen Topf und kochen Sie es auf. Fügen Sie unter Rühren den Zucker dazu und köcheln Sie das Wasser, bis sich der Zucker aufgelöst hat.

2 Nehmen Sie den Topf von der Kochstelle und vermengen Sie die Rosinen im entstandenen Zuckersirup. Geben Sie die Vanilleschote und die Zimtstange dazu und legen Sie einen Deckel auf. Stellen Sie den Topf für 24 Stunden zum Ziehen beiseite.

3 Sterilisieren Sie geeignete Glasgefäße mit Deckel. Holen Sie die Zimtstange und die Vanilleschote aus dem Topf und befüllen Sie die Gefäße mit den Rosinen und dem Zuckersirup, bis sie halb voll sind. Füllen Sie den Weinbrand auf und verschließen Sie die Gefäße.

4 Stellen Sie das Getränk für mindestens 1 Monat (noch länger ist besser) an einen dunklen und kühlen Ort.

Tipp: Sie können die Boerenjongens pur genießen, sie unter einen Kuchenteig mischen oder sie zu Eis sowie Pudding reichen.

FLIEGENDER HOLLÄNDER

1 Port. 5 Min. Leicht

Zutaten

1 Teil Zitronensaft
1 Teil Grenadine
2 Teile Genever
Eiswürfel
Wasser nach Belieben

Nährwerte p. P.

134 kcal
8 g Kohlenhydrate
0 g Fett
0 g Eiweiß

1 Geben Sie einige Eiswürfel in ein Weinglas und füllen Sie den Zitronensaft, den Grenadine und den Genever hinein.

2 Wenn Sie möchten, können Sie das Glas mit Wasser auffüllen.